Z'azimut

5 histoires de Moyen Âge

W0465219

FLEURUS
www.fleuruseditions.com

Collection dirigée par Christophe Savouré
et animée par Emmanuel Viau

Édition : Servane Bayle et Danielle Védrinelle
Composition : Tournai Graphic

Dépôt légal : mai 2011
978 2 215 10723 1 – MDS : 591541

Loi n° 49-956 du 16 juillet 1949 sur les publications destinées à la jeunesse.

Sommaire

policier

Le mystère du donjon

de Marie Bertherat
illustré par Emmanuel Cerisier

La vérité dérange et cette histoire en est la preuve. Depuis plus d'un an, je vis caché et ai dû changer de patronyme. Les gens d'ici m'appellent sire Thibault, mais c'est un nom d'emprunt. Par prudence, je tairai ici ma véritable identité. Un puissant seigneur, en effet, cherche à me supprimer. Ce que je sais de lui, si je le révélais, lui vaudrait la potence. Aussi ai-je préféré garder le silence et m'enfuir. Certains me traiteront de lâche, ils auront peut-être raison. J'ai désormais une femme à mes côtés, un être merveilleux que je chéris du plus profond de mon cœur. Elle attend un enfant de moi, je ne veux pas prendre le risque qu'elle se retrouve seule et sans ressources.

Tout commença par une lettre que je reçus par un frais matin d'automne, il y a treize mois jour pour jour. Le messager qui me l'apporta était un jeune cavalier à la chevelure flamboyante. En vérité, c'était bien tout ce que ce garçon avait de flamboyant, car son manteau était couvert de poussière et ses traits laissaient paraître les signes d'un total épuisement. Il avait, m'expliqua-t-il en haletant, chevauché deux jours et trois nuits d'affilée à travers le pays pour livrer son courrier au plus vite. La lettre qu'il me remit, pliée en quatre et passablement froissée, avait été rédigée au dos d'un parchemin usagé. Je me demandai qui pouvait m'envoyer pareille missive et l'ouvris non sans curiosité.

Le nom du signataire, Guillaume Tournai, m'était inconnu. Je lus à mi-voix les mots tracés d'une plume hâtive et désordonnée :

Sire J...,

Je vous écris à la lueur de la chandelle que j'ai enfin réussi à obtenir de mes geôliers. Par chance, ces deux hommes au corps lourd et à la mine patibulaire ont l'âme sensible à la musique. Quelques poèmes de mon invention – je suis en effet troubadour de métier – ont fini par leur attendrir le cuir, et l'un d'eux m'a tout à l'heure apporté ce vieux parchemin et ce restant de bougie.

Vous et moi ne nous sommes jamais rencontrés, mais j'ai entendu parler de vous en termes si élogieux que si ma lettre vous arrive, je ne peux que retrouver espoir. Depuis cinq jours qui m'ont semblé des lustres, je survis comme la plus malheureuse des bêtes, enfermé au fond d'un cachot sombre et humide du château des Malavant. Le comte et la comtesse de Malavant m'accusent en effet d'avoir tué leur fils Côme...

En lisant ces mots, je ressentis immédiatement un coup au cœur. Côme de Malavant ! Lui, je le connaissais, et même fort bien. Ensemble, nous avions plus d'une fois chassé et festoyé joyeusement. Un goût commun pour la bonne chère et les justes combats nous avait réunis. J'aimais et admirais son courage et son âme généreuse. Ainsi, mon cher ami Côme avait été assassiné et ce Guillaume Tournai était accusé d'être son meurtrier ! La nouvelle m'accablait. Je poursuivis cependant ma lecture, impatient d'en savoir davantage.

... Tragique et monstrueuse méprise, car je suis innocent. Mais personne ne veut me croire... Dans six jours, à moins d'un miracle, je ne serai plus de ce monde. La sentence fatale aura été exécutée : mon cadavre pendra au bout d'une corde dans la cour du château. Vous êtes, je le répète, mon seul espoir ! On raconte que vous faites des miracles : vous auriez plus d'une

fois démêlé des affaires aussi obscures que le maudit cachot où je croupis. Aussi je vous supplie à genoux de venir à Malavant reprendre l'enquête hâtive qui m'a condamné sans preuve.

Votre dévoué,

Guillaume Tournai

Post-Scriptum : J'espère que cette lettre vous parviendra au plus vite. Je la confie à Marie, c'est l'une des filles de la cuisine. Elle vient chaque jour m'apporter ma ration de soupe et j'ai cru comprendre à ses sourires que je ne lui étais pas indifférent. Elle m'a promis que son frère vous la portera. J'espère qu'ils tiendront parole l'un et l'autre.

Je repliai la lettre et remerciai le messager avec quelques écus. Lui et sa sœur Marie avaient tenu parole. Guillaume Tournai pouvait au moins compter sur deux amis à Malavant.

Quant à moi, je ne tardai pas à prendre ma décision. Depuis plusieurs jours, je m'ennuyais ferme au château familial de Hauterives. Ni fête, ni tournoi, ni chasse pour me distraire. Cette intrigue tombait à pic. J'avais à nouveau l'occasion de me livrer à l'une de mes passions : les enquêtes criminelles. J'étais à l'époque, comme l'a écrit ce troubadour, l'un des plus célèbres enquêteurs[1] du royaume de

1. Le mot enquêteur est utilisé en France à partir du XIIe siècle. Le terme de détective privé n'apparaît qu'au XIXe siècle.

France. J'avais en effet à mon actif la résolution de quelques-unes des plus grandes énigmes policières de ces dix dernières années.

Je regardai la date mentionnée sur la lettre : il y avait déjà trois jours que Guillaume l'avait rédigée. Il m'en restait trois autres pour le sauver, à condition qu'il soit bien innocent... Je demandai aussitôt à Jean, mon fidèle serviteur, de rassembler quelques affaires et me rendis à l'écurie seller mon cheval.

Je chevauchai à bride abattue, traversant monts et forêts pour rejoindre le château de Malavant situé en plein pays Forez[2]. Tout en galopant, je me rappelai certaines des réjouissantes soirées données par Côme dans la demeure familiale. Mon ami adorait s'entourer de joyeux troubadours et le château résonnait souvent de leurs chants et du son de leurs instruments.

J'arrivai au bout de deux jours de voyage, fourbu et affamé, alors que les derniers rayons du soleil caressaient les hauts murs d'enceinte et le donjon du château-forteresse des Malavant. Je franchis le pont-levis, sautai à bas de mon cheval et frappai énergiquement au heurtoir de l'épaisse porte de bois.

Bientôt la vieille tête chenue d'Antonin, le garde-porte, apparut. Les centaines de rides qui sillonnaient son visage fripé s'étaient encore creusées

2. Région d'Auvergne.

depuis ma dernière visite. Il avait à présent l'air d'une vieille pomme ridée et un immense chagrin émanait de sa personne. Plissant les yeux sans paraître me reconnaître, il me demanda ce que je voulais. Je lui donnai mon nom, lui rappelant que j'étais un ami de Côme. Son visage s'éclaira aussitôt, sa bouche édentée s'étira vers ses oreilles, et ses yeux bleus délavés pétillèrent. Mais très vite, il retrouva son masque d'infinie tristesse.

– Sire J…, sire Côme n'est plus ! fit-il d'une voix d'outre-tombe.

Je l'écartai doucement et franchis la porte.

Un silence inhabituel, épais comme un brouillard d'hiver, régnait dans la cour. Point ce jour-là des cris et des rires de tous ceux – serviteurs, paysans, forgerons, boulangers, cuisiniers – travaillant au château. Même les poules, les oies et les cochons paraissaient étrangement calmes.

– C'est comme ça depuis que sire Côme nous a quittés, expliqua Antonin. On n'a plus le cœur à rien, même les gosses n'osent plus jouer. C'est qu'on l'aimait, le fils du maître.

Je compatis d'un hochement de tête et demandai à être conduit auprès des parents de Côme. Un autre garde-porte me fit franchir la deuxième enceinte de la forteresse. Je me retrouvai dans la haute cour abritant les logis des soldats ainsi que les cuisines, les magasins de vivres, le chenil[3] et

3. C'est là que se trouvent enfermés les chiens de chasse.

l'écurie. Je marchai jusqu'au donjon où la famille Malavant avait établi ses chambres et ses salons.

Je trouvai les parents de mon ami dans une grande pièce sombre du premier étage, prostrés dans de vastes fauteuils. Le chagrin causé par la mort de leur fils unique semblait leur avoir ôté toute étincelle de vie. Je leur expliquai la raison de ma venue, sans mentionner pour autant la lettre du prisonnier. J'avais, dis-je, appris la mort tragique de Côme et leur proposais mon aide pour trouver et arrêter le coupable d'un pareil forfait.

– C'est bien inutile, sire J..., articula le comte de Malavant d'une voix altérée par la douleur. Nous le connaissons, c'est Guillaume Tournai, un troubadour que Côme avait invité à passer la nuit au donjon. Le malandrin l'a tué dans son sommeil.

– Vous êtes sûr que c'est lui ? Pourquoi aurait-il commis un tel acte ? Avait-il un mobile, une raison valable de tuer Côme ?

– Allez savoir ! Ces ménestrels ne sont pas comme nous, voyez-vous. Peut-être voulait-il simplement lui voler ses chausses ou la croix d'or qu'il portait autour du cou.

– L'a-t-il fait ?

– Eh bien non... En vérité rien n'a disparu.

J'insistai :

– Comment pouvez-vous alors être certain que ce Guillaume Tournai est l'assassin ?

– Il ne peut en être autrement. La chambre de

mon fils n'a que deux portes, l'une ouvre sur un couloir, l'autre sur une petite chambre dans laquelle a dormi ce misérable…

Le comte de Malavant s'interrompit, son regard glissa sur sa femme. Racornie telle une feuille morte dans son grand fauteuil, elle serrait dans ses mains immobiles un ouvrage de broderie auquel elle paraissait bien incapable de travailler. Ses yeux, comme recouverts d'un voile opaque, semblaient ne rien voir hormis ses souvenirs.

Je demandai au comte de continuer son récit. Le malheureux père obéit :

– Mon fils avait l'habitude de fermer à clef l'issue donnant sur le couloir. Au matin, comme tous les jours, Marc, notre vieux serviteur, a frappé à sa porte. Mais Côme n'a pas répondu, ce qui n'était pas dans ses habitudes. Marc a alors toqué à la petite chambre d'amis. À peine avait-il heurté le bois que le troubadour a ouvert et s'est précipité dehors. D'après Marc, il avait l'air très pressé, comme s'il voulait s'enfuir. Notre domestique est entré dans la pièce et s'est dirigé vers la porte qui communique avec la chambre de Côme. Il a alors eu l'horrible surprise de découvrir notre fils gisant à terre et baignant dans son sang. Il avait perdu connaissance. Deux jours plus tard, il expirait sans avoir pu prononcer un seul mot.

– Comment être sûr que personne d'autre ne s'est introduit dans la chambre de Côme ?

– Parce que la porte qui donne sur le couloir était fermée de l'intérieur, et la clef était encore dans la serrure. La sentinelle qui monte la garde en bas du donjon, un homme à notre service depuis des années, affirme n'avoir laissé monter personne cette nuit-là. J'ai entièrement confiance en lui. Non, je vous assure, ce ne peut être que ce troubadour.

– Quelqu'un aurait-il pu pénétrer par une fenêtre ? demandai-je tout en sachant par avance que c'était impossible.

Le comte me le confirma sans tarder :

– Certainement pas, les ouvertures du donjon sont bien trop étroites pour qu'un homme ou même un enfant les franchissent. Et puis, vous oubliez que la chambre de Côme est au deuxième étage.

Je commençais à comprendre la logique du comte. L'observation rigoureuse des faits condamnait effectivement Guillaume Tournai, puisque personne d'autre n'avait pu entrer dans la chambre de Côme. Seulement, pourquoi le troubadour aurait-il tué ce seigneur qui l'appréciait suffisamment pour l'accueillir sous son toit et le loger pour une nuit ? À tout crime il faut un mobile.

– Et l'arme du meurtre ? L'avez-vous retrouvée ?

– Il l'aura jetée par l'une des meurtrières, nous avons des douves remplies d'eau en contrebas du donjon.

Le château des Malavant était en effet une forteresse imprenable qui avait plus d'une fois résisté aux assauts ennemis. J'appris encore de la bouche du comte que Guillaume Tournai avait cherché à fuir, mais que les gardes l'avaient rapidement rattrapé et enfermé dans l'un des cachots du château. La tentative de fuite du troubadour était, selon le père de Côme, une preuve supplémentaire de sa culpabilité. Je me gardai de le contredire, tout en pensant que Guillaume Tournai avait fort bien pu prendre peur en découvrant le corps sans connaissance de Côme. Il était en effet facile d'imaginer qu'on ne tarderait pas à l'accuser d'avoir cherché à assassiner son hôte.

Comme il se faisait tard, je résolus de remettre la suite de mon enquête au lendemain. Le comte m'offrit l'hospitalité et on me prépara un lit dans la fameuse chambre d'amis où le troubadour avait passé sa dernière nuit de liberté.

Je dormis sept heures d'affilée d'un sommeil sans rêve, et me réveillai à l'aube. Il me restait à peine un jour et une nuit pour sauver Guillaume Tournai à supposer qu'il fût bien innocent. Je réclamai une cuvette d'eau chaude et du savon pour me raser. Ce fut Marc qui vint me les apporter. Long et maigre, le teint olivâtre, il ressemblait à un haricot vert. Il était au service des Malavant depuis l'âge de six ans et avait vu Côme naître et grandir. Il semblait lui avoir été particulièrement attaché. Je lui demandai cependant sans ménagement de me décrire avec précision le genre de blessures infligées à son maître.

– Oh, c'était tout simplement horrible à voir. Mon seigneur avait une large plaie au milieu du front, les deux yeux crevés et de multiples entailles sur le visage. Celui qui a fait ça est un monstre, vous pouvez me croire.

– Qu'a-t-il pu utiliser : un couteau, un poignard ?

– Ma foi, quelque chose de pointu, c'est sûr, mais on n'a rien retrouvé de coupant dans la pièce ni dans la chambre d'amis. Le troubadour s'en sera débarrassé dans les douves, je ne vois pas d'autre explication.

– Y avait-il des traces de lutte dans la pièce ?

Marc opina :

– Tout était cul par-dessus tête. La table de nuit renversée, les draps et les couvertures tombés du lit. Ah ça, mon seigneur s'est défendu, mais ce Tournai était armé, lui...

Je me gardai de tout commentaire. Marc regarda le sabre que je venais de sortir de son fourreau afin de me raser.

– Vous voulez que je vous aide ? me proposa-t-il.

Je refusai et le priai de me laisser seul. J'ai pour principe de ne jamais permettre à quiconque de manipuler d'objets tranchants près de mon visage, même pour couper les poils de ma barbe.

En me savonnant, je réfléchissais : les yeux crevés, des traces de coups de couteau sur tout le visage, une entaille au front si profonde qu'elle s'était révélée mortelle, voilà qui était surprenant. Pourquoi tant de hargne et d'acharnement ? Enfoncer une lame effilée profondément dans le cœur n'aurait-il pas été plus facile et surtout plus efficace ? Côme aurait succombé aussitôt sans risquer de nommer son assassin.

J'essuyai mon visage et entrai dans la chambre de mon ami. C'était une grande pièce aux murs badigeonnés à la chaux et au sol recouvert d'un magnifique plancher de chêne. Une bonne odeur de cire flottait dans l'air et tout était parfaitement en ordre. Le lit avait été soigneusement refait, comme si Côme allait à nouveau y dormir le soir-même, ce qui me laissa une impression désagréable.

J'ouvris le coffre de bois sombre où mon ami rangeait ses vêtements. Il n'y avait pas grand-chose hormis quelques chemises de fine toile de lin et une paire de chausses[4] de soie. Je ne trouvai ni les chemises brodées, ni les manteaux de laine souples et légers que je lui avais si souvent vu porter. Je m'aperçus que manquaient également ses fourrures de zibeline. Les aurait-on déjà retirées ? Cela semblait pourtant bien étonnant : j'imaginais mal les parents de Côme pressés de débarrasser la chambre pour la donner à quelqu'un d'autre.

J'allais quitter la pièce lorsque mon regard fut attiré par un petit objet recourbé tombé à proximité du lit. Je me penchai et le ramassai ; il ressemblait fort à une griffe. Je l'empochai machinalement avant de sortir.

Je partis à la recherche de Marc, que je découvris en train de préparer du feu dans une salle atte-

---

4. Bas de laine ou de soie.

nante à la chambre du comte et de la comtesse de Malavant. Je l'interrogeai sur le coffre à moitié vide de Côme. Il fronça brusquement les sourcils et je crois que sa surprise n'était pas feinte.

– Je l'ignorais, s'écria-t-il. Nous n'avons touché à rien depuis sa mort, j'ai simplement remis de l'ordre et nettoyé les traces de sang.

– Côme devait-il s'absenter ? m'enquis-je.

Marc se gratta le front :

– Pas que je sache.

– Si c'était le cas, il vous aurait prévenu et c'est vous qui auriez préparé ses bagages ?

– Bien entendu.

Je le remerciai. Que signifiait tout cela ? Côme aurait-il eu l'intention de quitter secrètement le château ? Il aurait alors peut-être rassemblé ses affaires à l'avance et les aurait fait porter dans le lieu où il comptait se rendre…

Je descendis dans la cour et traînai un moment dans la cuisine où, malgré l'heure matinale, on commençait à préparer les repas du jour. Comme la veille, une impression de pesanteur et de tristesse régnait alentour. La tragique disparition du fils du château occupait encore tous les esprits.

Je reconnus Jeanne, la femme du vieil Antonin, qui plumait un canard. Ses grosses mains rougies par le travail s'agitaient à toute vitesse. La peau grenue du volatile ne tarderait pas à se retrouver nue. Je m'assis à ses côtés et amenai la conversation sur Côme. Nous évoquâmes ensemble le malheur de perdre un maître si bon et si généreux, puis je lui demandai si elle avait remarqué quelque chose de particulier chez mon ami les temps qui avaient précédé sa mort.

– Pourquoi ça ? fit-elle en louchant bizarrement vers moi.

– Je l'ignore encore, mais je cherche. Je veux comprendre pourquoi on l'a tué.

– Ah ça, sire J…, à quoi bon ? C'est à n'y rien entendre.

– Mais non, Jeanne, il y a toujours une explication.

– Ben moi, j'en vois pas, s'obstina-t-elle en secouant le bonnet qui couvrait ses rares cheveux.

J'insistai :

– Le caractère de Côme avait-il changé ? Était-il toujours l'homme joyeux que j'ai connu ?

– Maintenant que vous le dites, peut-être pas. Il avait bien l'air un peu nerveux depuis quelques semaines.

– En connaissez-vous la raison ?

– C'est qu'il me faisait pas tant de confidences ! M'enfin ça pouvait être cette damoiselle…

– Qui ça ?

Elle baissa la voix et glissa à mon oreille :

– Myrielle.

– Qui est-ce ?

– La fille au marquis de Chantaigut.

– Pourquoi l'aurait-elle rendu nerveux ?

– Bah, je suis pas censée le savoir, moi ! déclara-t-elle en arrachant une touffe de plumes.

– Oui, mais vous avez tout de même deviné…

Jeanne ricana doucement :

– C'est que j'ai pas les yeux dans ma poche, moi.

– Et ?

– Il en était fou. Antonin les a surpris dans la forêt, enlacés plus qu'il convient.

– Allaient-ils se marier ?

– C'est bien ce qu'il aurait fallu, mais j'ai cru comprendre que le père de la damoiselle n'était pas d'accord.

Le canard était plumé. Elle le donna à une grosse fille aux joues rouges d'avoir tisonné le feu pour faire rôtir les volailles. Celle-ci prit la bête et

l'embrocha d'un geste vif. Puis, se tournant vers moi, elle murmura :

– Moi, j'ai entendu quelque chose de bizarre la nuit où sire Côme a été attaqué.

Je ne regrettais pas ma visite aux cuisines. Les femmes sont d'incorrigibles bavardes… Je lui demandai son prénom et l'encourageai à continuer.

– Je m'appelle Marie, dit-elle.

Je supposai tout de suite qu'il s'agissait de la jeune personne dont Guillaume Tournai m'avait parlé, la sœur de mon messager.

– J'ai le sommeil léger, continua-t-elle. Le moindre bruit me réveille. Cette fois, c'est un sifflement qui m'a tirée de mes rêves.

– Pouvez-vous me le décrire ?

– Eh bien, comme quand quelqu'un siffle, mais c'était très fort et très rapide. Je l'ai entendu deux fois de suite.

– D'où venait-il selon vous ?

– Je dors au-dessus des cuisines, mais la fenêtre de ma chambre donne sur le donjon. C'est de là que ça venait, j'en donnerais ma main à couper.

Je lui demandai si elle s'était levée pour voir ce qui se passait, mais elle me répondit qu'elle était restée au chaud dans son lit et ne savait rien d'autre. Ses révélations éveillèrent cependant mon intérêt. Je m'interrogeais : ce sifflement avait-il un rapport avec la mort de Côme ? Était-ce un signal ? Le meurtrier avait-il un complice à l'extérieur avec lequel il avait ainsi communiqué ? Évidemment, cela ne résolvait pas le problème de la porte fermée. Je n'avais toujours aucune idée de la manière dont le coupable avait pu pénétrer chez Côme, à moins de passer par la chambre de Guillaume Tournai…

Je quittai la cuisine et me rendis auprès du comte et de la comtesse de Malavant. Ils avaient toujours cet air de profonde affliction qui sans doute ne les quitterait désormais plus jamais. Au risque de divulguer le secret de Côme, je les priai de me parler de Myrielle. Ma question eut l'air de les surprendre.

– Quel rapport avec la disparition de Côme ? s'étonna le comte.

– Probablement aucun, mais je crois qu'ils se connaissaient.

– Certainement, Myrielle est la fille d'un de nos bons amis, le marquis de Chantaigut. Elle venait parfois au château avec son père.

– Elle doit se marier la semaine prochaine avec un riche seigneur venu de l'étranger, continua la comtesse.

Je comprenais à présent pourquoi le marquis n'avait pas donné son assentiment au mariage de Myrielle avec Côme. Il avait de plus grands projets pour sa fille. Connaissant le caractère fougueux et entier de mon ami, j'étais certain qu'il n'était pas homme à renoncer à une damoiselle dont il était amoureux. Je commençais à me demander si sa mort n'avait pas un quelconque rapport avec cet amour contrarié. Se pourrait-il qu'il ait décidé d'enlever sa dulcinée ? Cela expliquerait la garde-robe à moitié disparue. Côme et Myrielle avaient-ils projeté de s'enfuir ? Ce genre d'idée folle était digne de mon camarade…

Je pris congé de mes hôtes et résolus de me rendre sur-le-champ auprès de la jeune fille.

Le château de Chantaigut n'étant qu'à une dizaine de lieues de celui des Malavant, j'y fus en moins d'une heure. Bâtie au sommet d'une butte, cette splendide bâtisse dominait les forêts avoisinantes. Je me présentai au garde-porte comme un ami du seigneur de Malavant, annonçant que j'avais de sa part un cadeau à remettre en mains propres à damoiselle Myrielle en vue de son mariage. On m'ouvrit et je me retrouvai dans la cour du château, où je reconnus aussitôt l'agitation des retours de chasse.

Les cadavres des gibiers abattus étaient étalés à même le sol : deux chevreuils, une dizaine de perdrix, une douzaine de lapins, quelques rongeurs. Sept chevaux aux sabots crottés, tout en sueur, étaient alignés devant l'écurie et attendaient que les palefreniers s'occupent d'eux. La meute de chiens couverts de terre et de poussière était encore tenue en laisse par le maître du chenil. Je remarquai aussi un faucon encapuchonné qu'un jeune homme ramenait à la fauconnerie au bout de son poing ganté de cuir.

J'observai avec curiosité les longues ailes pointues bordées de noir, le ventre ivoire rayé de sombre, les pattes jaune vif armées de redoutables serres. C'était un oiseau magnifique. Je l'imaginai en pleine chasse se précipitant sur sa proie, la tuant d'un puissant coup de bec et revenant au premier appel de son maître. Je m'aperçus que je n'étais pas le seul à contempler le splendide rapace. Un homme, richement vêtu d'un manteau de laine brodé d'or, le suivait du regard. Je surpris dans ses yeux une intensité particulière. Il semblait bel et bien fasciné par l'animal. Lorsque le fauconnier se trouva à sa hauteur, l'homme tendit la main vers l'oiseau et retira habilement le capuchon de cuir[5] qui masquait la tête du volatile. Puis, presque affectueusement, il caressa la tête fine. Soudain, semblant oublier le bec acéré du faucon, il déposa un léger baiser sur le sommet de son petit crâne. Cela ne dura que quelques secondes. Le fauconnier remit ensuite prestement le capuchon en place et emporta l'oiseau tandis que l'homme se dirigeait vers le donjon.

J'alpaguai aussitôt un gamin qui courait dans la cour et lui demandai qui était cet homme en manteau brodé d'or.

– Mais c'est le marquis de Chantaigut ! s'écria-t-il, visiblement surpris par mon ignorance.

---

5. Ce capuchon, destiné à aveugler le rapace, est retiré au moment où l'oiseau, libéré, s'envole chasser.

Ainsi, l'admirateur du faucon n'était autre que son propriétaire. C'était aussi le père de Myrielle…

Je marchai à mon tour vers le donjon et réitérai ma requête auprès du garde. J'avais, répétai-je, un présent à remettre à damoiselle Myrielle pour ses noces, de la part du comte et de la comtesse de Malavant. On alla la prévenir.

Je me trouvai bientôt face à une ravissante jeune fille. Âgée d'à peine seize ans, c'était la plus jolie créature qu'il m'eût été donné de voir. Le nez charmant, les yeux d'un beau brun doré, deux mignonnes petites oreilles, le tout surmontant un corps magnifique aux proportions idéales. Côme avait toujours eu bon goût en matière de damoiselles. Pourtant, derrière tant de beauté, je devinais une profonde tristesse. Quelque chose dans les plis de la bouche et le regard voilé aux paupières rougies laissait pressentir qu'un terrible malheur venait de frapper la belle.

– Quel est ce présent que vous m'apportez ? s'enquit-elle d'une voix douce comme la mousse.

Je sortis de la poche de mon manteau un coquelicot ramassé en chemin et le lui offris.

– Qu'est-ce que cela signifie ? Vous moquez-vous de moi ? ! s'exclama-t-elle d'un air fâché.

– Pardonnez-moi, je devais vous voir et vous parler, et je n'ai trouvé que ce moyen. J'étais un ami de Côme. Nous ne nous étions pas vus depuis plusieurs mois, mais je sais qu'il n'aurait pas voulu qu'un innocent soit accusé de l'avoir tué. Je suis venu jusqu'à vous pour découvrir le véritable coupable.

– Mais quelle idée ! Quel rapport entre le meurtre de Côme et moi ? C'est ce troubadour, le criminel. Un accès de folie, j'imagine. Vous savez comment sont ces gens, n'est-ce pas ?

Je ne répondis pas à sa question.

– Côme et vous, vous vous aimiez, affirmai-je en la regardant droit dans les yeux. Vous aviez décidé de vous enfuir. Ne cherchez pas à nier, je le sais. Côme me l'avait avoué…

Mon mensonge fit mouche. Elle pâlit et son menton se mit à trembler. Mais je lui fus reconnaissant de ne pas se mettre à crier ou à s'évanouir, comme le font souvent les femmes en pareilles circonstances. Myrielle, je m'en aperçus à cet instant, n'était pas une damoiselle comme les autres.

– Cela restera notre secret, je ne répéterai rien à personne, ajoutai-je cependant pour la rassurer.

Alors, parce qu'elle avait besoin de se confier, la jeune femme me raconta tout. Oui, Côme et elle s'aimaient d'un amour passionné depuis le jour même où ils s'étaient rencontrés. C'était lors d'une grande chasse organisée par son père. Elle avait trouvé Côme si beau et si vaillant qu'elle en était tombée éperdument amoureuse. Hélas, mille fois hélas, elle était déjà promise à un prince d'Angleterre qu'elle n'avait jamais vu. Son père attendait beaucoup de cette alliance qui renforcerait sa puissance. Bientôt Myrielle devrait quitter son pays et vivre là-bas, en terre

...re, chez cet homme qu'on disait vieux et ...gri.

N'écoutant que son amour, Côme avait alors résolu de l'enlever. Il possédait suffisamment d'argent et de bijoux pour assurer leur subsistance pendant longtemps. Des amis sûrs les hébergeraient tout au long de leur fuite. Ils iraient vers le sud, loin, très loin…

Des larmes jaillirent des yeux de la jeune fille. Elle murmura :

– Mais il a été assassiné… Cet affreux troubadour a tué mon amour.

Je pris ses mains entre les miennes et les pressai doucement.

– Je ne suis pas certain que ce soit lui qui ait assassiné Côme.

Elle écarquilla ses jolis yeux humides :

– Qui d'autre alors ? Lui seul a pu le faire, m'a-t-on affirmé, puisque la chambre de Côme était fermée à clef…

– Oui, je sais. Écoutez, je ne suis pas encore sûr. Je dois vérifier quelque chose. Je reviendrai, je vous le promets.

Je quittai Myrielle en hâte. J'étais, je l'avoue, profondément troublé. Comme je comprenais Côme et la soudaine folie qui l'avait poussé à décider de tout quitter, château, fortune, position sociale, pour cette merveilleuse damoiselle ! Mais Myrielle n'était pas la seule cause de mon agitation. Je venais d'avoir une idée qui, si elle se révélait juste, risquait de faire beaucoup de bruit.

Je sortis du donjon et me dirigeai vers la fauconnerie. Le jeune fauconnier était occupé à balayer la volière. Je cherchai des yeux le faucon et observai ses serres avec attention. Ce que je découvris alors me donna le frisson. Je connaissais bien cette sensation, je l'éprouvais à chaque fois que j'approchais du but. Je saluai le fauconnier et lui fis compliment de son splendide rapace.

– En effet, c'est une belle bête. Et c'est surtout le meilleur chasseur que j'aie jamais vu : le plus féroce, le plus avide, le plus cruel de tous les faucons !

– C'est vous qui l'avez dressé ?

– Non, c'est le marquis. À la chasse, il n'obéit qu'à lui. Sur un simple sifflement de son maître, il fonce sur sa proie et n'abandonne jamais avant de l'avoir achevée. Sa technique est infaillible : il commence par l'aveugler en lui crevant les yeux, puis il plante son bec en plein front avec une force que vous pouvez à peine imaginer. Si cela ne suffit pas, il s'acharne jusqu'à ce que mort s'ensuive.

– Diable ! Serait-il capable de tuer un homme ?

– Un homme ? Mon Dieu, je ne sais pas. En tout cas, le blesser sérieusement, certainement. Vous avez remarqué son bec et ses griffes acérées ? Cela vaut n'importe quelle arme. Mais l'homme n'est pas le gibier qu'on a l'habitude de chasser dans nos forêts, fit-il en éclatant de rire.

– Bien sûr, je plaisantais !

Je plongeai alors ma main dans la poche de mon manteau et en sortis ce petit morceau de corne noire et recourbée ramassé au pied du lit de Côme.

– Pensez-vous que c'est un morceau de serre de faucon ? demandai-je.

Le jeune homme la prit entre ses mains et la tourna vers la lumière.

– Bien sûr, les serres de faucon sont très reconnaissables. Je crois même que celle-ci appartient à notre faucon tueur. Il l'a perdue il y a quelques jours. Où l'avez-vous trouvée ?

– Oh, dans la cour ! mentis-je, mimant un désintérêt soudain pour la question.

Mais il n'en était rien, car la vérité prenait forme dans mon esprit. Les yeux crevés, la profonde entaille sur le front, le visage lacéré de mon ami Côme… et si tout cela était l'œuvre mortelle du faucon du marquis de Chantaigut ? Quelqu'un avait dû le prévenir du projet de fuite des jeunes gens. Pour récupérer sa fille et la contraindre à ce mariage qui lui apporterait puissance et sécurité, il aurait alors ordonné à son rapace d'attaquer Côme, le fils de ses chers amis les seigneurs de Malavant.

J'imaginai la scène : le marquis galope à la nuit tombée, faucon au poing, jusqu'au château des Malavant. Arrivé sous la fenêtre de Côme – il sait parfaitement laquelle c'est puisqu'il connaît les lieux –, il lâche son rapace avec ordre de tuer celui qui dort dans la chambre. L'oiseau s'envole, passe par l'étroite fenêtre restée ouverte car il fait encore doux. Il trouve sa victime et commence par lui crever les yeux. Ensuite, c'est l'entaille sur le front à coups de bec puissants et les marques de serres sur tout le visage. Côme cherche à se défendre mais, aveuglé, il a bien du mal à parer l'attaque. Celle-ci est d'ailleurs d'une telle violence que dans la lutte, une griffe du faucon se brise. Bientôt, un sifflement bref, impérieux, rappelle le rapace. La jeune cuisinière qui vient de se réveiller l'entend mais ne se doute de rien. Le forfait est accompli, Côme doit être mort ou au moins très gravement blessé. Le marquis rentre chez lui, un sourire de satisfaction sur son visage. Sa fille ne s'enfuira plus, elle épousera le prince anglais comme son père en a décidé.

Oui, c'était sans doute ainsi que les choses s'étaient passées. Le mystère de la chambre close était résolu et le troubadour Guillaume Tournai n'était pour rien dans cette mort atroce. Mais qui allait me croire ? Personne, malheureusement. Myrielle refuserait pareille explication : imaginer son propre père organisant la mort de son amant était bien trop horrible. Les parents de Côme auraient eux aussi du mal à croire à la culpabilité de leur vieil ami le marquis de Chantaigut.

Il ne me restait qu'une seule chose à faire : je devais organiser l'évasion du troubadour. À défaut de l'innocenter publiquement, je lui sauverais la vie.

Je levai les yeux vers le soleil déclinant : bientôt la nuit allait tomber et à la prochaine aube, si je ne me dépêchais pas, Guillaume Tournai serait exécuté. Je renonçai à revoir Myrielle et galopai à nouveau vers le château des Malavant.

Jadis, un soir d'exceptionnelle beuverie, Côme m'avait montré le passage secret permettant d'entrer dans le château sans passer par la grande porte ni franchir le pont-levis. C'était une issue de secours prévue en cas d'attaque. Je crois que Côme regretta toujours de m'avoir divulgué cette information stratégique. Nul en effet ne devait être au courant de l'existence de ce souterrain, à part son père et lui. C'est en tout cas grâce à cet étroit couloir que je réussis à pénétrer nuitamment dans le château et à sauver Guillaume après avoir assommé ses gardiens.

De retour à l'air libre, je fis monter le jeune troubadour sur mon cheval et nous nous envolâmes à bride abattue. Après l'avoir caché en lieu sûr, je retournai au château de Chantaigut. J'avais laissé là-bas une jeune damoiselle éplorée...

Je la retrouvai au petit matin, occupée à filer la laine dans sa chambre. Le garde-porte m'ayant reconnu n'avait heureusement pas fait trop de difficulté pour me laisser franchir l'entrée du château. Ce n'était pas au départ dans mes intentions, mais je décidai de dire la vérité à Myrielle. Elle était le genre d'âme à qui le mensonge ne pouvait convenir. Je lui parlai donc du faucon de son père et de la manière dont je les soupçonnais l'un et l'autre d'avoir provoqué la mort de Côme.

Elle m'écouta en silence, sans bouger un seul de ses splendides cils noirs. Mais lorsque j'eus terminé, il y avait des larmes dans ses yeux et je vis qu'elle me croyait. Elle connaissait l'égoïsme de son père et mes explications, pour cruelles qu'elles fussent, lui semblèrent parfaitement plausibles. D'autant qu'elle m'avoua avoir vu le marquis chevauchant à la nuit tombée le soir du crime…

Je la pris dans mes bras et la pressai contre mon cœur.

– Emmenez-moi loin d'ici, murmura-t-elle.

Je n'hésitai pas.

Myrielle est ma femme depuis plus de six mois. Au printemps prochain, elle donnera le jour à un enfant. Bien sûr, ma mie n'oubliera jamais Côme, mais je ne le lui demande pas. Nous vivons loin de tout, dans une région où personne ne nous connaît et que je ne nommerai même pas ici par mesure de sécurité. Le marquis de Chantaigut est un homme puissant, surtout depuis qu'il a marié sa deuxième fille Margot au fameux prince anglais que Myrielle devait épouser. Nous vivons chichement, mais cela nous est égal. De temps en temps, en échange d'un ou deux poulets dodus, je résous encore quelques affaires. Rien de comparable cependant avec ce que je fis jadis. Pourquoi demanderait-on à ce sire Thibault, illustre inconnu, de courir après les criminels ?

Parfois, le soir au coin du feu, je raconte à Myrielle certaines de mes meilleures enquêtes. Elle m'écoute bouche bée et cœur battant. Si l'enfant à naître doit être un fils, je lui apprendrai les ficelles du métier. Peut-être, lui, aura-t-il le courage de s'attaquer aux puissants de ce monde qui croient que la richesse les protège de tout. Je l'espère de tout mon être.

Noël de l'an 1322

La main de Dieu a frappé. Le marquis de Chantaigut est décédé : chute mortelle à cheval. L'animal en est sorti indemne, l'homme non.

J'ai eu un fils, nous l'avons appelé Côme.

Pâques de l'an 1323

humour

« Ô cruel est l'amour »

de Barbara Castello et Pascal Deloche
illustré par Bruno Bazile

Ô cruel est l'amour.
Mourir pour vous, je veux ma mie.
Mon cœur s'est brisé le jour
Où je vous vis, douce amie.

Ô qu'il m'est doux de chanter ces vers qui marquèrent pour toujours ma vie. Jamais homme sensé n'aurait pu pareille histoire imaginer. Tout a commencé lors des fêtes de la Saint-Jean en terre de Puisaye. Comme chaque année, messire Guillaume, comte de Bourgogne, avait convié ses amis à célébrer dignement le jour le plus long de l'année en son château de Saint-Sauveur. Durant une semaine, des tournois et des joutes allaient opposer les plus vaillants chevaliers de la région. Des chasses au faucon ou à cheval animeraient les jours, tandis que des spectacles et des banquets égayeraient les nuits. Trouvères, troubadours, ménestrels, jongleurs et bouffons allaient combler d'aise les deux cents convives dont mon maître, le chevalier Arnould, faisait partie. À n'en pas douter, les contes merveilleux, les fabliaux, les chansons de geste et autres romans courtois raviraient les dames et captiveraient les seigneurs et les gentilshommes jusqu'à l'aube.

J'étais très honoré d'accompagner mon maître en ces lieux de festins et de réjouissances. Comme de nombreux invités, nous avions dressé notre pavillon de toile dans l'enceinte du château fort. J'avais pris grand soin du bouclier, des armes et du destrier[1] de messire Arnould ainsi que l'exigeait ma fonction. Car écuyer j'étais, et chevalier je deviendrais à l'âge de vingt ans, à l'image de tous mes ancêtres avant moi. Tel était mon fabuleux destin.

C'est avec l'espoir que je sois un jour adoubé que mon père me plaça, à dix ans, comme page chez un seigneur de ses amis. Là, l'on m'enseigna l'art équestre et le maniement des armes. Le soir, à la veillée, le seigneur me contait l'étonnante épopée du chevalier Bayard ou celle du chevalier au lion. J'avais la tête pleine de batailles et d'exploits

1. Cheval de guerre.

héroïques quand il m'attacha au service du chevalier Arnould. Dès lors ce fut lui qui prit mon éducation en charge.

À l'aube de mes seize ans je fus nommé écuyer, c'est-à-dire porteur de l'écu[2] du maître. Très vite, grâce à messire Arnould, le destrier n'eut plus de secret pour moi. Ce foudre de guerre aux muscles puissants était plus doux qu'un agneau entre mes mains. Il ne me restait plus qu'à parfaire mon éducation militaire. Tous les matins, mon maître d'armes m'apprenait à me battre en selle, à terre, à l'épée, au bâton, à manier l'écu et la lance, à tirer à l'arc. Bientôt, j'excellai également dans l'art de la chasse à courre et de la fauconnerie. Tout me promettait au plus bel avenir. Comme mes illustres ancêtres, j'allais devenir un chevalier sans peur et sans reproche ! Mais brisons là ces souvenirs et revenons à notre histoire…

Le château du seigneur Guillaume vibrait donc sous le tumulte des préparatifs. À l'extérieur, par-delà le pont-levis, les paysannes préparaient les bottes de paille pour les feux de la Saint-Jean. Mon maître, fort prévoyant, décida de se reposer afin d'être frais et dispos pour faire ripaille jusqu'à l'aube. D'un naturel fougueux, je choisis, pour ma part, de sortir me promener. Ayant un goût certain pour l'habit, je portais des chausses et un pourpoint de velours bleu nuit. À défaut d'avoir le titre

2. Bouclier.

de chevalier, j'en avais semble-t-il déjà l'allure à en croire les regards admiratifs de la gent féminine.

– Ce bel écuyer a l'air fort comme le lion, souffla une damoiselle sur mon passage.

– Il est moins fier quand il ouvre la bouche, gloussa une autre.

– Qu'entends-tu par là ?

– Son surnom connais-tu ?

– Non point, mais apprends-le-moi, je n'y tiens plus.

– Le bègue, c'est ainsi qu'on le nomme, car trois mots il ne peut aligner sans que sa langue fourche.

– Quel dommage ! s'exclama la jeune fille. Jamais épouse il ne trouvera.

– Et même si d'aventure c'était le cas, « oui » au prêtre il ne dira en une seule fois.

Les rires et les railleries des deux donzelles me transpercèrent le cœur avec la violence d'une lame d'acier. Il est vrai que depuis ma plus tendre enfance j'étais atteint de bégaiement. Plus j'étais ému et plus mon handicap s'aggravait. Mais avec le temps, je m'en étais accommodé. Je décidai donc de suivre mon chemin sans prêter attention à ces deux péronnelles.

L'animation qui régnait dans la cour du château me fit oublier les commères. Les aides-cuisiniers, les bras chargés de victuailles, allaient et venaient du logis aux cuisines avec une célérité qui donnait le tournis. Les fourneaux fumaient et les broches tournaient sans relâche depuis plusieurs jours. Le chef cuisinier, maître Courtemanche, avait sorti son viandier[3] pour élaborer de nouveaux mets. Tout se préparait dans le plus grand secret car il avait menacé les bavards de leur arracher la langue s'ils ébruitaient ses menus.

Au ballet des marmitons se mêlait celui des bateleurs. Les jongleurs et les cracheurs de feu faisaient la joie des badauds qui applaudissaient à tout rompre entre chaque prestation. Le montreur d'ours remportait également un vif succès à en croire la foule qui se pressait autour du terrible animal et de son dompteur. Son acolyte, un petit singe au visage rusé, passait dans l'assistance en tendant une corbeille aux généreux spectateurs. Non loin de là, un médecin affublé d'une houppelande en velours vert était juché sur une charrette. Très en verve, le charlatan haranguait les passants tout en brandissant une fiole dans laquelle flottait une potion de la même teinte que son habit.

– Oyez oyez bonnes gens ! En ces jours de ripailles, qui ne souffre de la panse ? Alors pour bouter la colique hors de vos tripes, buvez cette boisson herbée !

Dégoûté par l'inélégance de ses propos, j'allais passer mon chemin quand mon regard fut attiré par un mouvement imperceptible au milieu de la foule. À première vue, il s'agissait d'un enfant, mais sa démarche balancée m'intrigua aussitôt. Je décidai de le suivre des yeux. Très vite, je vis qu'il

3. L'ancêtre des livres de recettes de cuisine.

s'agissait d'un nain déguisé en petit garçon. Personne ne semblait y prêter attention. Aussi compris-je immédiatement ses sombres manigances.

– Un vide-gousset[4] ! pensai-je.

Je tentai de m'approcher du gnome afin d'en avoir le cœur net et, à Dieu ne plaise, le confondre s'il était besoin. Le malandrin s'était glissé entre deux dames qui me tournaient le dos. Se tenant par le bras, elles écoutaient sagement un ménestrel qui chantait un lai[5] d'amour courtois tout en jouant de la harpe. Leurs longues houppelandes en soie d'Orient brochée d'or et leur parfum de rose étaient la marque de leur rang. Enivré par ces effluves épicés, je n'en quittais pas pour autant le brigand des yeux. Tel un serpent, que dis-je, un vermisseau, il se rapprocha des belles. Personne ne prenait garde à lui. C'est alors que se produisit ce que j'attendais. Je vis sa main potelée glisser vers le gousset que l'une d'elles portait attaché sous l'aisselle.

– Holà vilain, grondai-je en saisissant le voleur par le bras. La main dans le sac te voi... te voivoi... te voilà pris ! N'as-tu point honte de détrousser les daaa, les dada... les dames ?

– Lâchez-moi, je suis un marmot, brailla le nain d'une voix aiguë tout en gesticulant comme un damné.

---

4. Pickpocket (le gousset est une petite bourse).
5. Poème lyrique.

– Tu es un fieffé coco… un fieffé coquin, voilà ce que tu es ! dis-je en le secouant comme un pommier.

– Lâchez ce pauvre gueux. Ce n'est qu'un enfant ! s'exclama alors l'une des deux femmes en se retournant et en me foudroyant du regard.

– C'est un scélérat, madame… Il s'en fallut de peu qu'il dédé… détroussât votre amie.

– Cette damoiselle n'est point mon amie, jeune homme ! Je suis sa gouvernante.

C'est alors que l'autre femme, à son tour, se retourna. Là, le sol parut se dérober sous mes pieds. Mon cœur battit la chamade. Jamais de ma vie, je n'avais vu beauté plus fabuleuse. Ses yeux bleus avaient la couleur des fleurs de myosotis. Ses cheveux étaient pareils à des fils d'or. Sa peau était plus blanche que le lait d'ânesse. Elle était ravissante, gracieuse et de noble maintien. Il n'était pas dans le royaume de fleur plus fraîche.

– C'est un vo… un vovo… un voooo…

Tétanisé par l'effroi, je m'arrêtai tout net. Ce diable de bégaiement m'avait repris de plus belle et le mot « voleur » demeurait prisonnier entre mes dents. Horrifié, je m'apprêtais à reprendre ma phrase quand la gouvernante continua à me chercher querelle :

– Quelle honte ! Malmener un bambin en hurlant que c'est un veau ! Venez, damoiselle. Cet homme est ivre comme un cochon. Éloignons-nous prestement de ce pourceau !

L'épouvantable duègne prit l'objet de tout mon

amour par le bras et l'emmena loin de moi. Nos yeux se croisèrent une dernière fois puis elle disparut, avalée par la foule. Profitant de la confusion et de mon désarroi, le nain parvint à s'échapper d'un coup de reins.

– Va-t'en, que je ne te pourfende comme un gogo… comme un goret, criai-je, les larmes aux yeux.

– Au vo… Au vovo… Au voooo…, s'égosilla le nain avant de partir d'un rire diabolique.

J'éprouvai une honte terrible. Pourquoi devais-je ainsi subir railleries et maux par la faute de cet horrible bégaiement ? J'aurais voulu être une souris, que dis-je, une taupe, pour rentrer sous terre et n'en sortir jamais. Hélas, le mal était fait : j'étais fou amoureux de la belle. Je n'avais plus dès lors qu'une idée en tête : la revoir. Sans nul doute la damoiselle était-elle conviée aux festivités données par monseigneur Guillaume. Peut-être en ces lieux allais-je la retrouver ? Mais comment l'approcher sans éveiller la colère de son cerbère ? Comment lui expliquer que tout cela était un effroyable quiproquo ?

Les questions résonnaient ainsi dans ma pauvre tête sans avoir la moindre réponse en écho. Aussi décidai-je de confier mon désarroi à mon maître. Ce chevalier au courage légendaire avait la faveur des plus charmantes dames de la cour. Sa vaillance, sa loyauté, sa prodigalité, sa générosité envers les plus faibles n'avaient d'égales que sa galanterie et son sens inné de l'amour courtois. Lui seul avait le pouvoir de m'aider. À n'en pas douter, il trouverait une solution à mon désespoir. Je regagnai prestement notre pavillon bousculant çà et là quelques manants.

– Messire, puis-je entrer ? m'annonçai-je en me plantant devant la tente de toile blanche.

– Fais donc, Théobald.

– Je vous dérange, chevava… chevaaa… chevalier ? balbutiai-je, gêné par cette intrusion qui ne m'était guère coutumière.

– Non point. J'écrivais un lai en l'honneur de notre hôte, messire Guillaume. Que puis-je pour toi ? me demanda-t-il en levant les yeux de son parchemin.

– Je viens devant vous car je suis dans un grand embaaa… embaba… un grand embarras.

– Mais que se passe-t-il mon ami ? Tu m'inquiètes car pareilles jérémiades ne te ressemblent point.

– Je sais, sire. Dans un gouffre sans fond ma vie a basculé.

– Oh, je vois… fit mon maître, songeur. Je crois connaître ce mal qui seul peut terrasser le plus vaillant des écuyers. Ne se nommerait-il pas Amour ?

Le sourire qui flottait sur son beau visage m'agaça. Comment l'avait-il deviné ? Un angelot armé d'un arc et d'une flèche flottait-il au-dessus de ma tête en grimaçant ? Machinalement, je passai ma main dans mes cheveux bruns et poursuivis en faisant fi de ses sarcasmes.

– Je crois bien que tel est son nom.

– Je t'écoute. Tu peux parler sans crainte car en choses de l'amour je suis expert.

Je lui contai donc ma mésaventure dans les moindres détails. Le nain, la duègne, la belle, le bégaiement puis l'affreuse méprise.

– À la bonne heure, Théobald ! À l'Amour tu viens de succomber !

– Je le crains, chevalier. Mais devant ma belle j'ai peeer… j'ai perdudu… j'ai perdu la face. En raison de mon bégaiement, pour un pourceau elle m'a pris. Si je ne la revois point, de tristesse je mourrai. Mais si je la recroise, de honte aussitôt je succomberai. Alors que faire ? Dites-le-moi.

– Dieu, s'il lui plaît, te délivrera de ce mal. Et il tournera ton chagrin en joie, me prédit Arnould avec une grande sagesse.

– Que Dieu vous entende et qu'il me rende joie.

– Il ne faut perdre espoir, m'encouragea-t-il en me gratifiant d'une virile accolade. Ce serait faire offense à l'Amour que de tout abandonner. Nous devons absolument retrouver la belle. Je t'aime bien, Théobald. Aussi vais-je t'aider à conquérir ta dulcinée.

– Mais coco… cooo… Mais comment ?

– Cesse donc de bégayer et de te lamenter, ou tu devras te passer de mon aide ! s'emporta-t-il.

– Si fait, si fait… Je vous écoute, dis-je en tentant de me calmer.

– Personne ne doit avoir vent de notre manigance, ou mon honneur à jamais sera terni.

– Par Dieu, de quoi s'agit-il ? m'alarmai-je soudain. Je ne veux point vous compromettre.

– Dans quelques mois, tu seras chevalier, n'est-il pas ?

– Que Dieu vous entende !

– Laisse Dieu hors de tout cela. Cette affaire ne concerne que toi et moi. Donc, pour tes vingt ans, tu seras adoubé. Je te propose de prendre un peu d'avance.

– Je ne vous suis pas, messire.

– Serais-tu stupide ?

– Non point, me défendis-je, abasourdi par la tournure que prenait notre conversation.

– Alors, écoute-moi bien. Tu vas tournoyer à ma place. Et je serai ton écuyer. Qu'en dis-tu ?

– Oh memer… merrrr… merci, bégayai-je, ne parvenant pas à maîtriser mon émotion. C'est trop d'honneur que vous me faites. Mais comment allons-nous parvenir à nos fins ? Tout ceci est grande folie.

– Demain, sire Guillaume a organisé deux tournois amicaux opposant la fine fleur de la chevalerie. Tu participeras à celui du matin. À coup sûr ta belle sera présente. Et c'est elle que tu choisiras avant le tournoi. Ta victoire tu lui offriras.

– Mais personne ne sera dupe. Aussitôt on me reconnaîtra !

– Buse que tu es ! Sous le heaume[6] nul ne te verra.

6. Casque d'acier de forme cylindrique ou conique.

Le chevalier Arnould avait une mine fort réjouie. Il est vrai que son idée était plus lumineuse qu'un lustre de cathédrale.

– Une fée a dû se pencher sur votre beber… sur votre berceau. Car votre bravoure n'a d'égale que votre intelligence.

– Arrête là tes flatteries, je te prie.

Mon maître esquissa un sourire satisfait puis recouvra la solennité qui s'imposait.

– Théobald, l'heure est grave. À partir de maintenant tu dois grandement t'entraîner, car demain tout le monde pensera que c'est moi qui tournoie.

– Si fait, messire. J'ai vu que l'on avait dressé des quintaines[7] dans un champ afin que l'on puisse s'exercer au comcom… au combat. Avec mon destrier et votre lance, j'y vais de ce pas.

– Et tu te coucheras tôt pendant que moi j'irai faire ripaille au banquet.

– Je ferai comme il vous plaira. J'essaierai en gaaa… en gaga… J'essaierai en gagnant de me montrer digne de vous.

– J'espère bien, me répondit-il en reprenant sa plume. Allez, file car tu devrais déjà être à l'entraînement.

– À ce soir, chevalier.

Je sortis, pris la lance qui était soigneusement

7. Mannequins de bois équipés d'un écu et d'un gourdin, avec lesquels on s'entraînait aux joutes. Les cavaliers devaient frapper la quintaine avec leur lance et vite s'éloigner avant que le mannequin, mobile, ne leur renvoie le coup.

posée près du pavillon, puis allai détacher mon destrier qui séjournait dans une écurie avec les autres chevaux.

– Tu galoperas plus vite que la foudre, n'est-ce pas Bayard ? demandai-je à mon cheval en lui caressant l'encolure.

L'animal me regarda de ses gros yeux ourlés d'immenses cils bruns, et hennit avec la puissance d'un olifant[8] tout en retroussant ses lèvres roses.

– J'espère qu'à ton charme et à ma bravoure la belle succombera, lui dis-je en montant en selle.

Je franchis le pont-levis dans un fracas de bois et mon cœur se serra quand j'aperçus au loin les hourds[9] dominant une large arène entourée de palissades. C'est là que moi, Théobald le Bègue, j'allais faire mes preuves et éblouir l'objet de tous mes tourments. Je me voyais déjà arrivant bannière au vent et écu au poing. Des frissons me parcoururent l'échine et je crois bien que j'en aurais bégayé de bonheur si j'avais dû parler à ce moment précis.

Je me rendis donc dans le champ où se dressaient les quintaines. J'étais seul, fort heureusement. Le gros mannequin bourré de paille me regardait d'un air narquois.

– Tu es plus pansu qu'une outre ! me moquai-je.

8. Cor taillé dans une défense d'éléphant. Les chevaliers s'en servaient à la guerre ou à la chasse.
9. Tribunes installées pour les tournois.

Tremble caca… Tremble carcasse car ton écu va tâter de ma lance.

J'arrêtai ma monture, calai mes pieds dans les étriers, armai ma lance qui mesurait près de trois mètres. Le mannequin était désormais dans ma ligne de mire. Mon sang bouillonnait dans mes veines.

– Ya ! hurlai-je en éperonnant mon fidèle Bayard qui, aussitôt, partit au grand galop.

À peine venais-je de m'élancer vers la cible que mon attention fut attirée par une silhouette chevauchant en amazone un superbe alezan.

– C'est… c'est… la… lala… la bebe… la bebelle… C'est la belle, me dis-je, le cœur bondissant tel un joyeux cabri.

Le trouble dans lequel m'avait jeté cette vision me fut fatal. Car ma lance ne toucha pas l'écu comme il se devait mais s'enfonça dans l'épaule de la quintaine. La sanction fut immédiate. Le diabolique mannequin pivota dans un grincement lugubre et son bras armé d'un bâton m'arriva en plein nez. Surpris, je poussai un petit cri et allai m'écraser dans l'herbe, soulevant autour de moi un nuage de poussière. Je me relevai aussi prestement que possible en priant le ciel que la belle ne m'ait point vu. Je scrutai l'horizon. Personne. Après tout, peut-être avais-je rêvé ?

Je m'apprêtais à remonter en selle quand une odeur nauséabonde me souleva le cœur.

– Par tous les diables, d'où vient cette pestilence ?

Je reniflai autour de moi. Plus je m'agitais, plus l'air se chargeait de ces épouvantables effluves. Brusquement, je compris. Je passai lentement ma main dans mon dos et ce que je touchai me fit vaciller de honte.

– Horreur, malheur ! Sur une bouse toute fraîche, Théobald, tu es tombé ! me lamentai-je en me roulant dans l'herbe. Espérons que cela te portera bonheur !

Et je repris l'entraînement couvert d'herbes et d'excréments. Je savais que, le lendemain, la moindre distraction entraînerait ma perte. Aussi fut-ce avec une détermination sans faille que je m'élançai sur l'écu de la quintaine jusqu'à la tombée du jour.

La nuit qui précéda le tournoi fut agitée. Mon maître rentra ivre et se montra fort bavard. Il tenta de m'expliquer que le vin était traître et m'assura qu'il n'en avait bu que quelques coupes. Mais je ne fus pas dupe et ne gobai point ses paroles alcoolisées.

– Preux chevalier tu seras, Théobald, ne cessait-il de répéter entre deux hoquets. Demain, ta belle tombera dans tes bras. Hips ! Que le diable me chatouille les pieds si je me trompe.

– Laissez le diable en enfer, messire, et venez plutôt vous coucher car demain est un grand jou-jou… un grand jour.

– Hips ! Tu es bon écuyer, Théobald. Preux chevalier tu…

– Je sais, je sais, l'interrompis-je. Allez, au lit ! Votre couche vous tend les bras.

À peine avais-je terminé ma phrase que le chevalier s'écroula tout raide dans un ronflement qui aurait fait pâlir de jalousie un cor de chasse. Je parvins à mon tour à trouver le sommeil en comptant les moutons. Le chant du coq, quelques heures plus tard, nous réveilla.

L'angoisse aussitôt m'étreignit. Je commençai à douter du bien-fondé du plan de mon maître. Cependant, mon envie de revoir la damoiselle eut raison de mes réticences. Après avoir bu une soupe de courge et mangé une miche de pain, j'entrepris de revêtir mon équipement, assisté par mon bon maître.

– Tu auras fière allure, me félicita-t-il tout en

m'aidant à enfiler mon gambison, une cotte de tissu rembourré que l'on mettait en protection sous le haubert.

– Je l'espère car je popo… je poort… je porterai votre bannière et vos armoiries.

– Pour les autres Arnould tu seras, mais ta belle, Théobald elle verra.

– Que voulez-vous dire ? demandai-je, abasourdi par l'idée que ma damoiselle puisse se méprendre sur mon identité.

– Eh bien tu garderas ton heaume jusqu'à ton arrivée dans l'arène. Et lors du choix de la dame seulement, tu en soulèveras le ventail. Ainsi, elle te reconnaîtra. Elle te donnera un morceau de tissu portant ses couleurs et tu l'attacheras à la pointe de ton heaume.

– Ohhhh, lâchai-je admiratif. Vous avez donc pensé à tout !

– J'essaie, j'essaie… me répondit-il avec une fausse modestie qui m'agaça. Allons, pressons-nous car le tournoi commence dans moins d'une heure.

Arnould m'aida à enfiler le haubert. Là, je crus qu'une pluie de fer s'était abattue sur mes frêles épaules. Il est vrai que cette tunique métallique, qui descendait jusque sous le genou, pesait plus de douze kilos. C'était la première fois que j'avais l'honneur de revêtir une cotte de mailles. Aussi n'osai-je faire part de mes impressions à mon maître de peur qu'il ne me raille.

– Te sens-tu à ton aise ? me demanda-t-il avec

un sourire narquois. Car quelques kilos je vais te rajouter, bel écuyer.

– N'ayez crainte, je ne suis point une mauviette ! répondis-je, piqué au vif.

– Si fait. Mets donc ces chausses.

Je tentai de lever une jambe. Impossible. Je dus faire un effort surhumain pour détacher mon pied du sol. J'avais l'impression de ressembler à cette énorme quintaine qui m'avait assommé la veille.

– Ces bas métalliques te protégeront pieds et jambes, m'expliqua Arnould en me les faisant passer. N'oublions pas les éperons qui me furent remis lors de mon adoubement. Et maintenant, viens ici que je t'aide à enfiler la cotte d'armes.

Ce fut avec mille efforts que j'écartai les bras afin de faciliter l'habillage. Le vêtement à longues manches orné des armoiries de mon maître était de toute beauté. Et je l'endossai avec une grande émotion.

– Regarde-moi, m'ordonna-t-il. Tu es magnifique !

– Mais paaa... papa... pas autant que vous ! rétorquai-je

– C'est vrai, reconnut-il non sans prétention. Tiens, enfile cette coiffe en laine sur le capuchon du haubert afin que je puisse te mettre ton heaume.

Sans mot dire, je m'exécutai. Arnould enfonça alors le casque d'acier sur ma tête et attacha fermement les lacets de cuir. L'impression d'être prisonnier dans une cage de fer m'oppressa aussitôt. Mais que n'aurais-je fait pour l'amour de ma belle.

– Fort bien, conclut mon maître. Mets ces mitaines en fer, prends mon écu et tu seras fin prêt.

Docilement, je passai les gantelets où seul le pouce était articulé. Le chevalier me tendit son bouclier qui mesurait un mètre cinquante. Je passai mon bras dans les courroies de cuir et ne bougeai plus.

– Avance, voyons, que je te contemple !

Je bandai tous mes muscles pour soulever ma jambe et parvins à faire deux pas sans m'effondrer sous le poids hallucinant de cet équipement.

– Par les cornes du diable, tu es une vraie donzelle ! s'emporta-t-il. Avance, te dis-je.

Dans un fracas de fer, je m'approchai de lui. Des gouttes de sueur me brouillaient la vue.

– C'est mieux, me déclara-t-il avec une moue dubitative. Heureusement que tu es à cheval et que tu n'auras point à marcher. Sinon, tu ruinerais ma réputation.

– Je ferai honneur à votre écucu... à votre écu. Je vous le jure, chevalier ! m'exclamai-je avec grandiloquence.

– Très bien. Désormais, je suis ton écuyer alors cesse de m'appeler « chevalier ». Je suis Théobald et toi Arnould. Est-ce clair ?

– Très clair.

– Si fait. Hâtons-nous car il est temps de partir. Je t'aiderai à monter sur ton destrier car seul tu n'y arriveras jamais.

– Merci mon brave ! lui dis-je, fier d'avoir respecté ses consignes.

– N'exagère tout de même pas ! Tu restes mon écuyer, ne l'oublie pas !

Nous arrivâmes parmi les derniers. Fort heureusement, personne ne prêta attention à nous. Mon émotion n'avait jamais été aussi grande. Des pavillons avaient été dressés pour accueillir les invités du seigneur Guillaume. Les rideaux des hourds étaient encore fermés et ne s'ouvriraient que lorsque nous ferions notre entrée. Ma belle serait-elle là ? Allais-je la retrouver parmi la foule ?

– Comment vous portez-vous, chevalier Arnould ? me demanda celui-ci avec une voix haut perchée.

– Fort bien, Théobald, mon bon écuyer, répondis-je sans bégaiement et avec un naturel qui me surprit moi-même.

– Dans quelques secondes nous allons entrer dans l'arène au son des fanfares, murmura Arnould. Tu passeras devant et je te suivrai car je suis ton serviteur. Nous nous mettrons en ligne devant le hourd. Là, le signal donné, les rideaux s'ouvriront. Le héraut présentera chaque chevalier, je te donnerai ta lance puis tu iras choisir ta dame. As-tu bien compris ?

– Oui, chev… euh… Théobald, bafouillai-je tant l'angoisse était vive.

Soudain les trompettes se mirent à sonner. Mon cœur bondit si fort dans ma poitrine que je crus qu'il allait rompre les mailles de ma cotte. Submergé par la peur, je me laissai porter par les événements. Mais dès que le rideau se souleva, la bulle dans laquelle je m'étais réfugié éclata en une pluie de feu. Des centaines de visages nous regardaient. Moi, je n'en vis qu'un : celui de ma bien-aimée. Elle était assise au premier rang, toujours escortée par sa gouvernante qui ressemblait plus que jamais à un dragon. L'objet de tous mes tourments était encore plus merveilleux que dans mon souvenir. Elle portait une robe en soie bleu ciel assortie à l'azur de ses yeux. Le vent jouait avec le voile de son hennin qui virevoltait au-dessus de sa tête comme une nuée de papillons facétieux.

– Le chevalier Arnould ! annonça un héraut.

– C'est à toi triple buse ! m'invectiva mon maître à voix basse en me tendant ma lance.

Tout chancelant, j'avançai lentement, assommant au passage d'un coup de lance maladroit un pauvre écuyer qui passait par là. Des rires fusèrent derrière moi ainsi qu'un juron. Mais j'étais sur un nuage, porté à bout de bras par Cupidon[10].

Comme par miracle, la belle se trouvait désormais devant moi. Elle comprit que je l'avais choisie et sourit. Là, foudroyé, je faillis tomber de mon destrier. Le cliquetis métallique qui secoua mon armure trahit le tremblement dont j'étais brutalement l'objet. Je respirai profondément afin de recouvrer mes esprits. L'heure était grave. En aucun cas je ne devais décevoir mon maître et

10. Dieu romain de l'Amour.

encore moins me ridiculiser à nouveau devant ma dulcinée. Aussi décidai-je de me concentrer afin de soulever le ventail de mon heaume avec panache.

Je levai mon bras qui semblait peser des tonnes puis de ma main libre, d'un geste viril, je tentai de relever la visière de mon casque quand un claquement lugubre m'arrêta net. Le ventail était coincé. Je m'agrippai cette fois-ci de toutes mes forces sur le morceau de fer, le frappant du plat de mon gantelet de fer, secouant la tête comme un chien enragé. La sueur me coulait dans les yeux. Le brouhaha de la foule bourdonnait dans mes oreilles rougies par l'effort quand la voix du dragon tonna :

– Prenez les couleurs de ma maîtresse. Et j'espère que pour elle vous sortirez vainqueur.

D'amour transi, je me penchai vers la damoiselle. Je pris délicatement le morceau d'étoffe bleue qu'elle me tendait et le nouai maladroitement sur mon maudit heaume.

À peine venais-je de recouvrer mes esprits qu'un héraut d'armes s'était mis à hurler quelque chose que je ne saisis pas tout de suite. La surprise passée, force fut de constater que la joute avait commencé. Mon adversaire avançait droit sur moi au grand galop. Je me saisis de ma lance et m'élançai dans le combat à mon tour. Mais trop tard sembla-t-il, car sa lance me toucha en pleine poitrine avant même que je comprisse ce qui m'arrivait. Je tentai désespérément de m'accrocher à mes rênes mais, comme dans le pire de mes cauchemars, je me sentis basculer sur le côté dans

un grincement, puis m'écrouler dans la poussière tandis que mon cheval continuait seul sa folle cavalcade. À moitié assommé et mort de honte, j'essayai de me relever prestement. Impossible. J'avais échoué sur le dos telle une grosse tortue. Je gesticulais à terre comme un pauvre diable quand le bras secourable d'Arnould vint mettre un terme à mon supplice.

– Pas mal pour une première joute ! murmura-t-il en m'aidant à me remettre sur mes pieds et en m'éloignant de l'arène.

– Caaaa… caca…

– Reste poli, je te prie.

– Catastrophique, messire. C'est ce que je voulais dire. Allez rendre ses couleurs à l'amour de ma vie en implorant qu'elle m'oublie à jamais. Car vraiment, je ne suis point digne d'elle.

– Mais tu n'y penses pas. Laisse-moi faire !

Épouvanté, je regardai mon maître se diriger vers la beauté blonde. Après s'être présenté, il lui rendit son foulard. La belle ne soufflait mot et semblait l'écouter avec un grand intérêt. Arnould fit une révérence puis revint vers moi avec un large sourire.

– Alors ? lui demandai-je, mort d'inquiétude.

– Je me suis annoncé comme étant ton écuyer. Je lui ai présenté des excuses en ton nom.

– Et qu'a-t-elle répondu ? m'enquis-je avec empressement.

– Rien. Elle a souri. Alors j'ai enchaîné en lui disant que mon maître, toi en l'occurrence, était fort doué en poésie et qu'à elle il se présenterait ce soir au banquet afin de lire un poème de son cru.

– Vous n'avez pas fait ça ? hurlai-je, tétanisé par l'horreur d'une telle proposition.

– Eh bien si. Que t'arrive-t-il ?

– Auriez-vous oublié que je suis bèbè… bèèè… bèbèèèè…

– Mais cesse donc ces enfantillages. Tu n'es point un enfant !

– Non ! Un bèèè… bèèèè…

– Un mouton ? Mais que racontes-tu ?

– Non ! Un bègue.

– Ah par exemple ! Cela m'était totalement sorti de l'esprit.

– Vous voulez ma perte ? m'emportai-je soudain.

– Tout doux, Théobald, me calma-t-il en tapotant mon armure avec une bienveillance qui commençait à m'échauffer les sangs. Par les cornes du diable nous allons trouver une solution.

– Vous ne crocro… Vous ne croooo… Vous ne croyez pas si bien dire car seule une diablerie pourrait venir à bout de mon bégaiement.

– Par ma foi, tu me donnes une idée.

– Vous croyez vraiment que cela vaut la peine ?

– Mais oui, assurément. Je connais une bonne femme qui trouvera un remède à ton mal. Rentrons au château et changeons-nous prestement. Pendant que tu écriras ton poème, j'irai quérir conseil auprès de la guérisseuse.

Ô cruel est l'amour.
Mourir pour vous, je veux ma mie.
Mon cœur s'est brisé le jour
Où je vous vis, douce amie.

Je relus plusieurs fois les vers que je venais d'écrire, puis froissai le morceau de parchemin dans un soupir. Jamais, hélas, je ne pourrais les lire. Jamais ma langue ne m'obéirait. Je ne le savais que trop bien. Par Dieu, pourquoi l'amour dans mes veines s'était-il ainsi glissé ? L'arrivée tonitruante d'Arnould mit un terme à mon désespoir.

– À la bonne heure, dans quelques instants tu vas me remercier !

– Je n'en doute point, chevalier, répondis-je poliment.

– La solution à tous tes problèmes se trouve dans le creux de ma main.

– Faites voir, je vous prie.

Je trépignais d'impatience. Mon maître ouvrit alors ses doigts et ce que je vis me plongea dans des abîmes de doutes.

– C'est ça ? demandai-je, dubitatif.

– La vieille m'a assuré que ce petit galet faisait merveille ! Il suffit de le placer sous ta langue et de parler normalement. Et le bégaiement disparaîtra comme par magie.

– Je peux ? m'enquis-je en prenant le caillou du bout des doigts.

Méfiant, je l'examinai sous toutes les coutures.

– Essaye-le donc ! Tu ne risques rien, la sorcière

me l'a juré, s'agaça Arnould. Allez, imagine que je suis ta douce.

– Sans vouloir vous offenser, cette prouesse me paaa... me papa... me paraît fort difficile.

– Je suis la belle et de toutes mes belles oreilles, je t'écoute.

Je défroissai mon parchemin, plaçai le caillou sous la langue et commençai ma lecture.

Ô chruel est l'achmour.

Mchourir pour chous, che vcheux ma chmie.

Je m'arrêtai net et crachai la pierre dans ma paume.

– Je crains qu'il n'y ait un problème car l'expérience ne peut pas fonctionner.

– Et pourquoi, je te prie ?

– Dois-je vous rappeler que je ne bégaie que lorsque je suis ému ? Aussi ne pourrai-je me rendre compte de l'effet du caillou que devant ma douuuu... ma doudou... ma douce amie. Si l'artifice ne réussit pas, seule la mort me délivrera de la honte.

– C'est bien dit, se moqua-t-il. Mais qui ne tente rien n'a rien. Alors soit tu restes seul ici à te morfondre, soit tu réciteras tes vers au banquet. Tu n'as pas d'autre choix.

– C'est vous qui avez raison, répondis-je à contrecœur. Je vais m'entraîner à déclamer mes vers avec ce minéral sous la langue. Le moment venu, peut-être l'oublierai-je ?

La salle de réception du château était d'une

beauté à couper le souffle. C'était la première fois que j'avais l'honneur d'assister à un tel banquet. Les murs étaient couverts de magnifiques tapisseries où les scènes de chasse semblaient presque réelles. Le sol était jonché de pétales de fleurs aux couleurs éclatantes. Une table en U avait été dressée au centre. Des bouquets aux vives couleurs chantaient un hymne au printemps et à la beauté des dames qui étaient attablées. Grâce à Dieu, j'avais été placé près de mon maître car je ne me sentais guère à l'aise au milieu de tant de luxe et d'apparat.

Les mets les plus fous s'enchaînaient au son des trompettes et des roulements de tambours. Des fruits et des salades ouvrirent les festivités. Puis se succédèrent potages de fèves et de pois cassés, viandes de bœuf, de mouton et de cygne rôties, accompagnées de sauce aux raisins noirs et de sauce cameline faite d'amandes et de cannelle. Des jongleurs et des troubadours venaient nous distraire afin que nous puissions digérer entre les plats. Malheureusement, je ne parvenais pas à jouir des festivités tant l'angoisse me tenaillait.

– Tu ne manges donc rien ? s'étonna Arnould en prenant à pleine main une cuisse de poulet grillée.

– Plus le temps passe, plus la peur est vive, avouai-je à voix basse. Je ne sais si j'aurai le courage de lire mon pooo… mon popo… de lire mon poème.

– Cesse de te plaindre, me rabroua-t-il. Et songe plutôt à ta douce. Regarde comme elle est belle. Je suis sûr qu'à ton poème et à ton charme elle succombera.

– Si je ne bégaie pas, rectifiai-je.

– Rien de tel ne t'arrivera car tu as ton caillou, n'est-ce pas ?

Fébrilement, je fouillai dans ma bourse et sortis la fameuse pierre.

– Oui, je l'ai, dis-je en la faisant sauter dans ma main.

– Eh bien je crois que tu vas en avoir besoin, m'annonça mon maître en me montrant du doigt un bouffon qui arrivait droit sur moi.

– Oyez oyez ! Ce gentilhomme va lire devant nous un poème à sa dulcinée.

Les trompettes se mirent à sonner et mes jambes à trembler.

– Lève-toi et va au centre de la salle. Courage que diable ! m'invectiva mon maître.

Tel un somnambule, je me laissai entraîner par le bouffon sans opposer aucune résistance. Il me plaça face à ma belle puis partit en faisant trois sauts arrière qui firent tintinnabuler ses clochettes. N'osant lever les yeux sur l'amour de ma vie, je regardai Arnould qui gesticulait comme un damné en pointant un index enragé vers ses lèvres. C'est alors que je compris. Discrètement je portai ma main à ma bouche et y glissai le galet. Soigneusement je déroulai mon parchemin et commençai ma lecture :

Ô cruel est l'amour.
Mourir pour vous, je veux ma mie.

Diablerie ! Malgré l'intense émotion, je ne bégayais plus. Si je l'avais pu, j'aurais embrassé Arnould, mon sauveur. J'étais si heureux que j'inspirai fortement afin de poursuivre mon ode quand le drame se produisit : « Creuhhh, creuhhh… » furent les seuls sons qui sortirent de mon gosier, car je venais d'avaler le caillou.

Un murmure inquiet parcourut l'assistance tandis que je m'effondrais dans les pétales de roses.

– Viii… vivi… viiite, hurla alors ma mie. Il s'étoutou… Il s'étouuu… Il s'étouffe !

Sa voix me parvint tel un écho lointain. Et là je sus que je pouvais mourir en paix. À n'en pas douter, nous étions faits l'un pour l'autre. Car, tout comme moi, la belle était bègue.

Son visage merveilleux m'accueillit au paradis. Ou du moins le crus-je. Et ses lèvres sur les miennes se posèrent.

– Messire, vous êtes sauvé, me rassura-t-elle en me caressant le front. Car en tombant, vous avez recraché le caillou.

– Mais, douce damoiselle, ne suis-je pas au paradis ?

– Non point, beau sire, me dit-elle en me tendant la main. Vous êtes au château du seigneur Guillaume.

– Béni soit le chemin qui me conduisit jusqu'à vous, m'exclamai-je en me relevant.

– Béni soit le jour de notre rencontre, ajouta-t-elle avec un sourire qui me fit défaillir. Car ne remarquez-vous rien ?

– Non point.

– Votre bégaiement ?

– Et le vôtre…

– Tous deux ont disparu, ne l'aviez-vous pas entendu ?

– C'est un miracle ! m'écriai-je.

– Non point, c'est mon baiser qui nous a libérés !

– Ah, chère damoiselle, vous êtes mon âme, mon cœur, ma joie ! Acceptez que je vous offre ma vie, m'enflammai-je en me jetant à ses pieds.

– Je l'accepte, sire. Depuis le premier jour, mon cœur vous avez conquis quand « Au vovooo » vous avez dit.

– Ne vous moquez pas, ma mie.

– Non point, car aussitôt en vous, le plus merveilleux des bègues je vis. Et je sus que mon mari vous seriez pour la vie.

Destination l'an mil

de Johan Heliot
illustré par Jean Trolley

En poussant la porte de l'agence de voyages, Richard songeait aux efforts qu'il avait fournis pour économiser une semaine entière de son temps. Ça n'avait pas été facile, mais à force de patience et de privations, il avait réussi, grignotant une heure par-ci, une demi-heure par-là. À présent, il allait pouvoir s'offrir le rêve de toute une courte vie : une semaine entière de vacances dans le passé !

– Bonjour monsieur, soyez le bienvenu, l'accueillit la jeune fille de l'agence, un large sourire aux lèvres. Quelle que soit la destination de votre choix, de la préhistoire jusqu'au XXIIe siècle, elle figure dans notre catalogue, annonça-t-elle encore.

– J'en suis sûr, dit Richard, un peu intimidé.

– Nous vous proposons en ce moment un forfait « Renaissance » très avantageux. Vous pourrez rencontrer les plus grands artistes italiens et français du XVe siècle, et même le plus génial : Leonardo da Vinci en personne !

– Eh bien, c'est tentant, admit Richard. Mais, euh... combien ça coûte ?

– Seulement trois mois ! claironna la jeune fille, plus rayonnante que jamais. C'est vraiment donné, non ? Trois petits mois de crédit temporel... Autant dire rien, puisque, bâti comme vous l'êtes, vous allez certainement vivre jusqu'à deux cents ans au moins.

Richard rougit, sensible au compliment. Il rougit encore davantage quand il expliqua :

– À vrai dire, je ne dispose pas d'un tel crédit temporel, mademoiselle.

– Ah ?

Elle avait l'air déçu.

– Dans ce cas, je peux vous proposer une destination légèrement moins enrichissante, mais très agréable cependant. Voyons voir... lança-t-elle en faisant mine de réfléchir. Que diriez-vous d'un séjour en pleine Révolution française ? C'est un peu agité, mais nous garantissons votre sécurité, bien entendu. Pas question de laisser un client perdre la tête ! Hi hi !

Richard rit poliment. La Révolution, pourquoi

pas ? Assister à la décapitation de quelques aristocrates – voire du roi de France lui-même – pouvait s'avérer un spectacle édifiant.

– Quel est le tarif ? demanda-t-il.

– Un mois et demi, exceptionnellement. Vous bénéficiez d'une remise de quinze jours sur ce forfait.

– C'est encore un peu cher pour moi, mademoiselle, avoua Richard.

Elle le regarda alors comme s'il venait de se transformer en crapaud sous ses yeux. Les lèvres pincées, elle posa la question qu'il redoutait d'entendre :

– De quel budget temporel disposez-vous, monsieur ?

Il le lui indiqua, un peu honteux. Elle hocha le menton lentement, hésitant peut-être à le faire jeter dehors. Finalement, la jeune fille poussa un soupir et dit :

– Je ne peux évidemment pas vous proposer une destination très prisée. D'ailleurs, même pas une destination demandée par nos autres clients.

– Je comprends, balbutia Richard. Tout de même, vous pouvez m'envoyer quelque part... Ou plutôt, quelque *quand* ?

Il avait espéré que sa tentative d'humour amadouerait la jeune fille, mais elle demeura impassible. On avait déjà dû lui faire cette mauvaise blague des millions de fois.

– J'ai une possibilité du côté des années 1990 et 2000, fit-elle.

– Vous n'avez rien de plus intéressant ? Ce n'était pas une période bien folichonne... Il ne s'y passait pas grand-chose, les gens s'ennuyaient, c'était une époque, comment dire, mollassonne, voilà ! Mon grand-père m'en a beaucoup parlé, il est né avant le passage au XXIe siècle, se justifia-t-il devant le regard glacial que lui jetait l'employée.

– Monsieur est exigeant, lâcha-t-elle. Je vais voir ce que nous pouvons vous trouver de *passionnant* pour une *petite semaine*.

Elle avait appuyé sur ces derniers termes pour qu'il comprenne bien qu'il lui faisait perdre son temps à elle, sans jeu de mots cette fois.

– J'aurais bien quelque chose de plus ancien, assez économique, du côté du Moyen Âge.

– C'est parfait ! exulta Richard.

Il se voyait déjà portant une armure rutilante, brandissant une énorme épée, affrontant des hordes barbares, sauvant des princesses prisonnières de donjons escarpés...

– Un instant. Vous savez, c'est assez vaste, le Moyen Âge. Mille ans environ. L'époque des Croisades et celle des grands explorateurs sont très demandées. Pas question de vous envoyer là-bas. Le couronnement de Charlemagne et les raids vikings sur le nord de la France sont encore trop chers pour vous. En revanche, il est possible de vous trouver un créneau aux alentours de l'an mil.

– Ah... l'an mil ?

– Ou à peu près. À cette époque, les années se

suivent et se ressemblent. Je dois pouvoir vous trouver une semaine au XIe ou au XIIe siècle.

– Euh, les conditions de vie ne sont pas trop rudes ?

– Il faut savoir ce que vous voulez ! s'emporta l'employée de l'agence. Vous refusez l'an 2000 parce que vous le trouvez *mollasson*, alors vous devriez apprécier l'an mil ; en ce temps-là, croyez-moi, les *mollassons* ne faisaient pas long feu ! On n'avait pas le temps de s'ennuyer non plus.

Richard tenta de la calmer :

– D'accord, ça ira, je prends le Moyen Âge, l'an mil, ou à peu près.

– En plus, vous avez de la chance, ajouta la jeune fille, une lueur malicieuse dans le regard. Comme cette destination n'attire personne, nous offrons une surprise à la fin du séjour aux courageux voyageurs temporels qui acceptent de s'y aventurer.

– Quel genre de surprise ?

– Si je vous le dis, ça n'en sera plus une. Mais croyez-moi, c'est le type de surprise qu'une personne dans votre genre appréciera.

Richard ignorait dans quel genre elle le classait, mais il accepta la destination proposée.

En route donc, pour l'an mil, ou à peu près…

Le départ eut lieu le jour même. Une fois son compte en banque débité d'une semaine de crédit temporel au bénéfice de l'agence de voyages, Richard fut conduit dans l'arrière-salle. Là, un autre employé s'occupa de lui, un grand bonhomme squelettique en blouse blanche.

– Bonjour monsieur. Veuillez prendre place sur ce fauteuil. Nous allons procéder aux préparatifs de votre séjour en…

Le squelette en blouse faillit s'étrangler en déchiffrant la fiche remise par la jeune fille de l'accueil.

– … l'an mil, c'est bien ça ?

– Ou à peu près, fit Richard en s'asseyant dans un confortable fauteuil pivotant, semblable à celui de son dentiste.

– Bien. Je vais d'abord procéder aux vaccinations d'usage. Forfait spécial peste et choléra.

– Peste et choléra ? s'inquiéta Richard.

– Entre autres. On mourait beaucoup par contamination virale à cette époque. Parfois, une simple grippe dévastait un pays entier. Mais, ne vous inquiétez pas, vous serez immunisé contre tout type de virus.

Blouse Blanche pianota sur la console de son ordinateur portable. Plusieurs seringues jaillirent des bras du fauteuil et s'enfoncèrent dans les biceps de Richard avant qu'il ait pu réagir.

– Aïe, ça pique !

– Vous êtes plutôt douillet, pas vrai ? Il faudra faire attention, là-bas. Tenez, avalez ça.

– Qu'est-ce que c'est ?

Blouse Blanche lui tendait sa paume ouverte. À l'intérieur, une minuscule pastille rose.

– Ça facilite la concentration et stimule la

mémoire. Vous allez suivre un cours accéléré sur le Moyen Âge et l'an mil en particulier.

– Un cours d'Histoire ? Quand ça ?

– Tout de suite.

Une nouvelle manipulation sur le clavier, et un écran mobile descendit du plafond pour s'immobiliser devant le visage de Richard. Deux haut-parleurs se positionnèrent de part et d'autre de son crâne.

Richard ingurgita la pastille. Elle était parfumée à la fraise.

La leçon débuta aussitôt. Des milliers d'images se succédèrent sur l'écran, à un rythme infernal, tandis qu'une voix enregistrée débitait les commentaires correspondants.

Deux minutes plus tard, écran et haut-parleurs

regagnèrent leurs logements. Richard en savait maintenant autant qu'il était possible sur la période qu'il s'apprêtait à visiter. Mobilisant sa mémoire, il s'aperçut qu'il connaissait désormais tous les patois en vigueur à l'époque, les noms des souverains, seigneurs et vassaux des XIe et XIIe siècles de plusieurs pays, ainsi que leurs dates supposées de naissance et de décès. Un million d'autres informations étaient disponibles, concernant les us et coutumes des populations, la gastronomie, la religion, etc.

– Formidable, s'écria Richard.

– Et encore, fit Blouse Blanche, c'est un forfait économique. Si vous aviez eu les moyens, vous sauriez aussi jouer de tous les instruments en vogue à l'époque, vous seriez un véritable champion dans tous les jeux et sports pratiqués, et vous pourriez soutenir la conversation des plus brillants esprits du moment. Mais bon, en une semaine, vous n'aurez pas le temps de tout faire. Approchez votre œil, s'il vous plaît.

Blouse Blanche brandissait son index en direction de Richard. Au bout du doigt se trouvait une mince pellicule souple et transparente.

– À quoi ça sert ?

– C'est une lentille de contact, un verre neutre. Vous constaterez son utilité dès que vous l'aurez posée sur la pupille de votre choix.

Richard obéit et posa la lentille sur son œil gauche. Il cligna plusieurs fois les paupières pour s'habituer à la présence du corps étranger. Une rangée de « 0 » apparut alors dans son champ de vision, en bas et à gauche.

– Il s'agit d'une horloge, précisa Blouse Blanche. Elle fera le décompte du temps qui vous reste à passer dans le Moyen Âge, à partir de votre heure d'arrivée. Nous pouvons également nous servir de la lentille pour vous envoyer des messages.

– Quel genre de messages ?

– La plupart de nos clients s'offrent un voyage dans le passé pour fêter un heureux événement. Nous leur souhaitons donc un « joyeux anniversaire » au moment voulu. Ou bien, nous les avertissons que tel ou telle de leurs connaissances en fait de même.

– Je vois, fit Richard. Mais ce n'est pas mon cas.

– Je m'en serais douté, dit Blouse Blanche. Bon, vous êtes paré, ou presque. Reste un dernier détail : il s'agit de soigner votre look médiéval.

Blouse Blanche alla fouiller dans un vaste placard et revint peu après en portant un amas de toile rapiécée et chiffonnée.

– Pouah ! fit Richard. Qu'est-ce que ça pue !

– On ne connaissait pas la lessive, en ce temps-là. Déshabillez-vous et enfilez ce costume.

Richard s'exécuta. Le pantalon et la chemise étaient trop grands d'au moins deux tailles, l'espèce de gilet sans manche troué aux mites, et le bonnet informe semblait avoir été porté par plus de cent générations de propriétaires qui ignoraient l'usage du shampoing.

Pour compléter le tableau, Blouse Blanche lui apporta une paire de sabots de bois, fourrés d'une couche de paille. Enfin, il lui remit une bourse remplie de pièces d'or.

– Faites-y attention, prévint-il. Si aujourd'hui on utilise le temps comme monnaie universelle et que l'or ne vaut plus rien, au Moyen Âge le contenu de cette bourse représentait une véritable fortune. Vous avez là de quoi vous offrir tout ce qu'il vous plaira pendant votre séjour. Profitez-en, veinard !

Il lui adressa un clin d'œil.

– J'y compte bien, dit Richard, se rasseyant dans le fauteuil. Quand est-ce que je pars ?

– Immédiatement.

Les doigts de Blouse Blanche voletèrent sur le clavier de son ordinateur. Un picotement électrique parcourut chaque membre de Richard. Une lueur blanche l'aveugla soudain.

– Bon voyage, fit la voix de Blouse Blanche.

– Merci, répondit Richard, sans savoir si l'autre l'entendait encore.

En bas et à gauche de son champ de vision, l'horloge afficha soudain : – 167 h 59 m 59 s.

Le compte à rebours avait commencé.

Une puanteur atroce sauta au visage de Richard.

Il faillit vomir. L'odeur était insupportable. Vacillant, il dut s'appuyer contre un mur pour ne pas tomber.

Richard recouvra peu à peu la vue. La première chose qu'il distingua en ouvrant les yeux sur l'an mil (ou à peu près...) fut le tas de cadavres qui se dressait au milieu de la rue. La deuxième, l'espèce d'escogriffe tout de noir vêtu qui portait un masque au long bec de vautour et brandissait un bâton noueux dans sa direction, en hurlant :

– Un démon, un démon ! Il vient d'apparaître attiré par la mort, pour se repaître des chairs corrompues par le Mal ! Attrapez-le, sus au démon !

Comme accueil, c'était plutôt réservé !

Richard leva les mains en signe d'innocence et se mit à bafouiller :

– Pas du tout, vous vous trompez, je ne suis pas... Je viens de... Non, ce n'est pas ce que vous croyez...

– À mort... à mort le démon !

L'escogriffe ne voulait pas en démordre. Richard fut surpris de constater, en fouillant sa mémoire enrichie par la leçon ultra rapide de Blouse Blanche, que l'individu n'était autre qu'un médecin. Le long nez de son masque servait à tenir suffisamment éloignés les malades de la peste qu'il était chargé de rassembler dans la rue, en attendant le passage de la charrette du fossoyeur. Mais l'homme de science n'en croyait pas moins au démon ! Richard essaya encore de parlementer :

– Écoutez-moi, bon sang, je n'ai rien à voir avec cette épidémie. Soyez raisonnable, mon vieux.

Le médecin ne l'écoutait pas. Ses cris commençaient à alerter la populace qui se terrait derrière les volets rabattus des maisons. Des curieux mettaient le nez aux fenêtres, certains osaient sortir sur le seuil, un gourdin à la main, l'air résolu, prêts à en découdre. Richard comprit qu'il ne servirait à rien de chercher à s'expliquer avec eux ; tous avaient perdu un ou plusieurs proches, à en juger par la hauteur des amoncellements de cadavres. Et voilà qu'un parfait bouc émissaire leur tombait du ciel, ou plutôt, croyaient-ils, leur montait de l'enfer…

Il commença à reculer, sans quitter des yeux le médecin excité.

– Sus au démon, sus !

Richard tourna les talons et s'enfuit à toutes jambes. Derrière lui, la poursuite s'improvisa. Les vociférations des habitants du bourg redoublèrent. Le cœur battant la chamade, Richard enfila une série de ruelles étroites et sombres, pataugeant dans la boue et les détritus jetés depuis les fenêtres. Sa mémoire lui apprit que les systèmes d'évacuation des eaux usées, les égouts, s'ils avaient pourtant été inventés dans l'Antiquité par les Romains, étaient depuis longtemps oubliés par les citadins du Moyen Âge.

Au détour d'une ruelle, Richard déboucha sur ce qui ressemblait à la place du marché locale. Les étals des commerçants étaient vides. Quelques porcs efflanqués fouissaient du bout du groin les ordures en voie de décomposition qui jonchaient le pavé. Au milieu de la place se dressait une estrade de bois. Ce qu'elle supportait fit courir un frisson d'horreur dans le dos de Richard.

Un gibet y avait été dressé. Au bout de la potence, les corps de trois suppliciés se balançaient mollement. Richard comprit qu'un pareil sort lui serait réservé s'il se faisait prendre par les furieux lancés à ses trousses. La peur lui donna des ailes ; il accéléra l'allure en direction des remparts qui s'élevaient au bout de la grand'rue, reliant la place du marché aux portes de la ville.

Ces dernières étaient solidement barricadées pour éviter la propagation de l'épidémie dans la campagne voisine.

– Le voilà, près des portes ! Le démon essaie de s'enfuir !

Le médecin déboulait à son tour sur la place, suivi de la foule en colère. Désespéré, Richard entreprit l'ascension de la muraille qui protégeait en temps normal la ville des tentatives d'agression extérieures.

Heureusement pour lui, il avait pratiqué l'escalade en salle dans sa jeunesse. Malgré la difficulté de l'exercice quand une troupe assoiffée de sang se presse à vos basques, Richard trouva les prises adéquates. La pierre des remparts était friable, et de nombreux interstices accueillaient les doigts et les orteils. Il lui fallut moins de deux minutes pour atteindre le sommet du mur d'enceinte.

De là-haut, Richard put contempler la petite cité frappée par la peste. Elle rassemblait moins d'une centaine de maisons autour de la place au gibet. La plupart des habitants gisaient à présent dans les rues, victimes du bacille. Les survivants s'étaient rassemblés cinq mètres sous Richard, criant toujours au démon. Un premier caillou vola à quelques centimètres à peine de son crâne. Richard prit son courage à deux mains et sauta de l'autre côté de la muraille.

Il se reçut plutôt brutalement dans un fossé bourbeux. Trempé, frigorifié, ébranlé par l'épreuve qu'il venait de subir, il se hissa tant bien que mal sur le talus qui bordait le fossé.

– Bienvenue au Moyen Âge, marmonna-t-il.

Consultant l'horloge de sa lentille, il se rendit compte qu'il avait seulement passé vingt minutes aux alentours de l'an mil. Encore 167 h 39 m et autant de secondes, à profiter du voyage !

Il se mit aussitôt en route, préférant s'éloigner le plus possible de la cité pestiférée avant que ses habitants aient trouvé le courage d'ouvrir les portes pour organiser sa traque.

Richard suivit un sentier de terre battue qui serpentait entre d'immenses friches et de rares champs cultivés. Sa mémoire lui indiqua que l'agriculture avait fortement régressé à cette époque, faute de paysans. La forêt avait réinvesti le terrain gagné par les hommes pendant les siècles d'expansion qui avaient précédé cette sombre période. La forêt, ainsi que tous les dangers qu'elle abritait : bêtes sauvages et, surtout, bandits de grands chemins…

– Bien le bonjour, messire ! lança une voix tombée des hautes branches qui couvraient le sentier.

– Tiens, tiens, reprit une autre en écho. Ne dirait-on pas un bourgeois apeuré fuyant la ville condamnée ?

– Si fait, si fait, convint une troisième voix. J'aperçois même une bourse pansue pendue à sa ceinture…

Les propriétaires des voix se matérialisèrent soudain devant Richard, tombant de leur perchoir et lui barrant le chemin. Trois gaillards hideux et repoussants, enveloppés de hardes, édentés et la peau marbrée de taches galeuses ! Mais leur aspect physique n'était pas ce qui impressionnait le plus Richard. L'homme s'inquiétait surtout des instruments que chacun maniait avec nonchalance : ici une hache, là une masse d'armes (un manche de bois muni d'une boule de fer à piquants), là encore une épée dont la lame, même si elle paraissait émoussée, mesurait près d'un mètre.

– La bourse… commença un bandit.

– … ou la vie ? compléta un autre.

– Peut-être les deux, fit le troisième.

Richard sentit ses jambes flageoler. Il n'avait plus assez d'énergie pour décamper – d'ailleurs, pour aller où ? Pas question de retourner en ville. Fichues vacances en l'an mil (ou à peu près…) ! Il décida de ruser, pariant sur son évidente supériorité intellectuelle : il ne s'agissait après tout que de vulgaires rustres mal dégrossis, qui vivaient plus de mille ans avant sa propre apparition sur la planète.

– Bien le bonjour, messires, fit-il, tâchant de maîtriser le tremblement de sa voix. Je suis fort aise de rencontrer d'aussi valeureux compagnons. J'ai en effet avec moi de l'or, pour l'embauche d'une escorte.

– Vous cherchez à recruter des gens d'armes ? interrogea le brigand à l'épée.

– Les routes ne sont pas sûres et je ne suis point en connaissance du métier des armes, expliqua Richard. Mais je dois rejoindre le château de mon seigneur, où grande richesse saura récompenser les braves qui auront assuré ma sécurité.

Richard vit le trouble s'insinuer dans l'esprit du bandit. Il se tourna vers ses acolytes et entama un court conciliabule avec eux. Puis il s'adressa à Richard de nouveau :

– C'est entendu, compère. Tu nous guideras au château de ton seigneur, et nous te protégerons. Le contenu de ta bourse fera un parfait acompte. Une fois à destination, tu nous feras bailler trois autres bourses de même contenance !

Richard réfléchit vite. Finalement, la situation tournait à son avantage. Il suffisait de balader ces trois idiots pendant une semaine et de se présenter ensuite au premier château venu. Les cartes intégrées à sa mémoire l'aideraient à trouver son chemin. Il leur fausserait ensuite compagnie en réintégrant le XXIIe siècle. D'ici là, placé sous leur protection, il ne risquait plus rien !

– Soit. Je m'appelle Richard. Puis-je connaître vos noms, messires ?

– Je suis Martin, se présenta le bandit à l'épée. Voici Thomas (la masse d'armes) et Jehan (la hache). Deux vaillants soldats et leur capitaine. Nous appartenions à l'ost[1] d'un puissant vassal du roi, aujourd'hui en déroute.

Martin tendit la main en direction de Richard. Celui-ci se méprit sur la signification du geste et voulut la lui serrer. Le vilain se mit à rire, imité par Thomas et Jehan :

– Ta bourse, espèce de fol ! Donne ta bourse. Il est juste que nous recevions notre solde : nous allons affronter de nombreux dangers à tes côtés !

En fait de danger, Richard dut surtout supporter l'odeur écœurante de son escorte, et le régime imposé par l'environnement dans lequel ils évoluaient. Le menu ne variait guère d'un repas à l'autre : une poignée de baies acides cueillies dans le sous-bois, un lièvre rachitique levé au collet et mal cuit sur un feu de brindilles improvisé, parfois un peu de blé sauvage amolli dans de l'eau chaude – un horrible gruau qui avait au moins le mérite de boucher l'estomac à la manière d'un plâtre. Richard sut rapidement de quelle manière Martin et ses amis avaient perdu leurs dents : à force de s'acharner sur ce genre de nourriture !

1. Ost signifie armée.

Il y avait aussi le problème des ampoules. Les lieues parcourues dans la forêt, chaussé de sabots de bois, avaient réduit les pieds de Richard à l'état de plaies sanguinolentes. Jehan trouva heureusement quelques herbes qui surent apaiser la douleur, une fois réduites en bouillie et badigeonnées sur les blessures. Mais il ne put rien faire pour les reins moulus, les articulations maltraitées et les muscles engourdis de Richard, qui devait souffrir en silence de peur que les brigands ne l'abandonnent à son triste sort.

Au bout de trois jours d'un pareil traitement, Richard ne se sentit plus de joie quand Martin annonça qu'ils approchaient d'un monastère où ils pourraient trouver le gîte et le couvert. L'horloge de la lentille affichait – 95 h 28 m 12 s. Richard aurait donné volontiers son bras droit en échange d'un bain chaud et d'un repas correct.

– Les bons pères ne refusent jamais l'hospitalité, pour peu qu'on sache la leur demander dans les formes, fit Martin.

La remarque déclencha l'hilarité de Thomas et Jehan. Richard ne comprit pas ce qu'il y avait de drôle, mais il supposa qu'il s'agissait d'humour typiquement médiéval.

En un sens, ça l'était.

Martin se présenta seul à la porte du monastère sis au milieu d'une clairière et bordé par un verger et un potager. Ses deux comparses attendaient dissimulés derrière un arbre. Richard observait la scène, caché dans un buisson, quelques mètres plus loin.

Il vit Martin discuter avec le moine qui apparut dans l'encadrement du porche. Le bon père portait une robe de bure et une simple corde en guise de ceinture. Il avait le teint rougeaud, une grande barbe pouilleuse et un ventre énorme. Il tenait un solide gourdin entre ses pognes.

L'attaque de Martin ne surprit pas le moine. Il esquiva le coup d'épée d'un pas sur le côté et abattit son gourdin de toutes ses forces sur le crâne du bandit. Martin para, mais bascula sous l'impact. Alors Thomas et Jehan jaillirent de leur cachette et se ruèrent dans l'entrée du monastère en poussant de terrifiants cris de guerre.

Tétanisé, Richard assista à la suite des événements sans oser intervenir. Du moins tant que les échos de la furieuse bataille qui se livrait dans le lieu saint résonnèrent à ses oreilles. Les hurlements sauvages des combattants témoignaient de la violence de l'assaut. À l'évidence, de part et d'autre, il n'était pas question de faire des prisonniers. Ce serait une lutte sans merci entre les trois mercenaires et les défenseurs du monastère.

Au bout d'un long moment, le silence retomba sur la clairière. L'horloge affichait maintenant – 93 h 45 m 34 s. La bataille avait fait rage pendant près de deux heures !

Thomas réapparut sur le seuil du monastère. Il agita sa masse d'armes dégoulinant de sang frais et appela :

– Messire Richard ! C'est terminé, vous pouvez vous joindre à nous. La table des bons pères est bien garnie et leur cave regorge de bon vin. Ce soir, nous ferons ripaille !

Il leur fallut deux jours pour venir à bout des réserves du monastère. Quarante-huit heures durant lesquelles Martin, Thomas et Jehan ne dessoûlèrent pas, asséchant jusqu'à la dernière goutte du dernier tonneau de vin mis en cave par les moines. Richard profita de ce répit pour reprendre des forces, faire sa toilette, dormir, et procéder à l'inhumation des bons pères massacrés par son escorte.

Il savait maintenant pourquoi cette période du Moyen Âge n'attirait pas la clientèle de l'agence ! Personne de sensé n'avait envie de dilapider ses crédits temporels pour côtoyer une telle bande de givrés, souffrir mille privations et devoir payer un repas correct au prix d'une hécatombe !

L'horloge de la lentille indiquait – 44 h 12 m 47 s quand Martin vint réveiller Richard, qui s'était assoupi dans le lit du père supérieur, fourbu après avoir creusé une vingtaine de tombes.

– Votre piété vous honore, messire Richard, se moqua le capitaine. Il est temps de se remettre en route et de gagner le château de votre seigneur.

Richard avait hâte de mettre un terme à cette folie. Dans moins de deux jours, il serait de retour chez lui, au XXIIe siècle, et plus question alors de la moindre virée dans le passé ! Il se leva et s'étira, passa des habits propres – il avait même trouvé l'occasion de laver le costume remis par Blouse

Blanche – et rejoignit le réfectoire, où Thomas et Jehan achevaient d'emballer les provisions qu'ils n'avaient pas encore englouties.

– Quand arriverons-nous ? demanda Martin.

– Demain soir, répondit Richard. Vous recevrez alors la récompense qui vous est due, capitaine.

Il se retint d'ajouter à voix haute : « Et ça ne sera pas celle à laquelle tu t'attends, espèce de cinglé ! »

La troupe parcourait les dernières lieues qui la séparaient du château repéré par Richard sur sa carte mentale. Le voyageur passait en revue le plan qu'il avait échafaudé pendant la halte au monastère. Si tout allait bien, il se débarrasserait de son encombrante escorte à moindres frais avant de regagner le XXIIe siècle.

Le compte à rebours de l'horloge venait de passer à exactement – 16 h 00 m 00 s, quand le château apparut. Perchée sur une petite colline dominant les plaines alentour, la forteresse protégeait les masures des paysans qui cultivaient les terres du sire de Mortemare, vassal d'un quelconque baron, lui-même vassal d'un plus puissant seigneur, et ainsi de suite jusqu'au roi, comme l'indiquait la mémoire de Richard.

– Ce castel menace ruine, fit remarquer Martin. Messire Richard, êtes-vous sûr que les caisses du seigneur de Mortemare contiennent de quoi régler notre solde ?

– Si ce n'est pas le cas, il suffira de lever l'impôt, assura Richard.

Le capitaine ne répondit pas. Thomas et Jehan échangèrent un regard complice. Richard prit son courage à deux mains et récita à Martin le discours qu'il avait mis au point tandis qu'ils cheminaient :

– Il est plus prudent que je me rende d'abord seul jusqu'au château. Si les gardes nous voient arriver ensemble, ils pourraient se méprendre, et croire que je suis votre prisonnier et que vous venez chercher une rançon.

– Ils pourraient se méprendre, il est vrai, ricana Martin.

Thomas et Jehan s'approchèrent de Richard, leurs armes brandies négligemment.

– Tel que je connais Mortemare, il préférera nous tuer tous plutôt que verser le moindre sou ! dit Richard.

Martin fit signe à ses compères de prendre un peu de recul.

– Vraiment ? demanda-t-il, perplexe.

– Voyez l'état de sa demeure ! Mortemare est un avaricieux. Mais je saurai trouver les mots pour le convaincre d'engager trois valeureux gens d'armes. Je vous ferai verser une bourse remplie d'or à chacun, comme convenu. Qui pourra ensuite vous retenir ?

– Qui, en effet ? s'esclaffa Martin. Allez, messire Richard, mais revenez avant la nuit tombée avec notre dû. Sinon, nous devrons nous présenter au seigneur de Mortemare, comme nous l'avons fait auprès des bons pères du monastère…

Richard n'insista pas, trop heureux de s'en tirer à si bon compte. Il suivit le sentier qui menait jusqu'au pont-levis. Vue de près, la bâtisse ne payait pas de mine, Martin avait raison. Une des tours penchait dangereusement sur le fossé des douves, prête à s'écrouler au moindre souffle de vent. Les créneaux des remparts s'effritaient, la herse du pont-levis était couverte de rouille. Néanmoins, un soldat montait la garde. Avisant Richard, il ajusta son casque de fer bosselé et agita sa longue pique pour avoir l'air menaçant.

– Qui va là ? demanda-t-il.

– Messire Richard ! Annoncez-moi au seigneur de Mortemare, et vite. J'ai de grandes nouvelles à lui conter, lança Richard sur le ton le plus impérieux qu'il lui était possible d'adopter, vu les circonstances.

Le soldat disparut et le laissa poireauter de l'autre côté du fossé des douves pendant un long moment. Finalement, la herse se souleva dans un fracas de chaînes. Le pont-levis s'abattit lourdement juste devant les pieds de Richard.

Cinq minutes plus tard, le seigneur de Mortemare lui accordait audience.

Mortemare ne mesurait pas plus d'un mètre soixante, tant en hauteur qu'en largeur. Il n'avait pas dû quitter sa cape de fourrure depuis qu'on la lui avait jetée sur les épaules, plusieurs années auparavant. Richard ne se risqua pas à moins de deux mètres du seigneur nauséabond. Il lui raconta son histoire depuis qu'il avait fui la ville pestiférée, et échappé par ruse aux dangereux coupe-jarrets qui complotaient à présent pour prendre le château d'assaut, comme ils l'avaient fait du monastère dans la forêt.

La réaction de Mortemare ne se fit pas attendre. Elle était exactement celle que Richard avait prévue :

– Morbleu, les bandits ! Qu'on rassemble la troupe ! Je m'en vais leur faire rendre gorge pour leurs méfaits.

Richard jubilait. Il trottina à la suite du petit seigneur en forme de boule, jusqu'à la cour intérieure du château. Là, il dut déchanter. En guise de troupe, Mortemare entretenait une poignée de paysans arrachés des champs, couverts de morceaux d'armure hétéroclites : ici des jambières, là des genouillères, ici un casque, là une cotte de mailles, mais jamais la panoplie complète sur le même individu. Certains portaient une épée qui n'avait jamais dû voir la lumière du jour hors du fourreau, d'autres une pique émoussée qui n'aurait pas effrayé un lièvre.

Toutefois, l'enthousiasme du sire de Mortemare était sans commune mesure avec sa taille. Il fit quérir sa monture, pour conduire lui-même son « armée ». Richard ne fut pas surpris de découvrir en guise de destrier un mulet renâclant. Il aida néanmoins Mortemare à grimper sur le morceau de laine qui lui tenait lieu de selle. Le petit seigneur tira son épée et lança :

– En avant, sus à l'ennemi !

L'ost misérable s'ébranla tant bien que mal et s'en fut par le pont-levis, resté baissé. Richard se retrouva seul dans la cour du château, en compagnie d'un vieux chambellan aux membres plus noueux qu'un cep de vigne. Ce dernier haussa les épaules avec fatalité et poussa un profond soupir, semblant dire « c'est comme ça, que voulez-vous ? »

La bataille fut moins rude que celle du monastère.

L'horloge indiquait – 14 h 06 m 41 s quand Martin, Thomas et Jehan pénétrèrent dans le château. Le capitaine montait le mulet de Mortemare. Thomas avait passé la cape de fourrure puante sur ses larges épaules. Jehan essuyait la lame de sa hache dans le tissu de la robe du petit seigneur.

– Holà, messire Richard ? aboya Martin. Où vous cachez-vous ? Nous sommes venus chercher notre or !

Paralysé, Richard les observait depuis le haut des remparts qu'il avait rejoints par le donjon à moitié écroulé. Le fond des douves se creusait vingt mètres plus bas, pas question de sauter par-dessus cette fois.

Les mercenaires ne l'avaient pas repéré. Ils interpellaient à présent le vieux chambellan, réclamant de quoi faire bonne ripaille. « Bien, songea Richard, qu'ils fêtent donc leur victoire autour d'une table. Tant qu'ils bâfreront, ils ne penseront pas à me chercher... »

Avant de gagner la salle à manger, Martin prit soin de refermer la herse et de faire lever le pont. C'était la seule issue du château ; Richard était pris au piège !

Il se réfugia dans le donjon, abandonné et poussiéreux. D'après l'horloge, il lui restait encore quatorze heures à tenir. Richard trouva un vieux coffre empli de draps mités, se pelotonna à l'intérieur et rabattit le couvercle. Il s'efforça ensuite de trouver le sommeil, en vain.

Toute son attention restait braquée sur le compte à rebours qui défilait trop lentement à son goût, seconde après seconde...

– Aïe !

L'épée de Martin lui chatouillant les reins, Richard s'éveilla en sursaut. L'horloge indiquait – 00 h 23 m 12 s !

– Tiens, tiens, qu'ai-je trouvé là ? lança Martin, ivre et joyeux.

Thomas et Jehan, dans un état similaire, apparurent à leur tour. Ils empoignèrent chacun Richard par un bras et le tirèrent hors du coffre. Ils le traînèrent sur le plancher, puis dans l'escalier, dévalant les marches du donjon.

Ils traversèrent la cour, entrèrent dans le bâtiment principal. Mais, au lieu de se diriger vers la salle à manger, comme l'espérait Richard, ils suivirent le vieux chambellan dans les sous-sols du château, jusqu'à une cave voûtée, éclairée par une torche sinistre.

Des outils se trouvaient remisés là, ainsi que d'autres objets que Richard prit tout d'abord pour du matériel agricole. Quand la torche du chambellan éclaira le chevalet de bois, les pointes de fer, les pinces et les tenailles, Richard comprit où il se trouvait en réalité : dans la chambre de tortures du château !

Tandis que Thomas et Jehan le ficelaient sur le chevalet, bras et jambes en croix, Richard implora le capitaine :

– Je vous en supplie, je vous donnerai tout ce que je possède.

– Je peux tout te prendre sans ta permission. Ainsi que tout ce qu'abrite ce château.

– Alors, pourquoi me soumettre à la torture ? Que voulez-vous ?

– Juste me divertir avant de reprendre la route messire Richard. Ce fut la seule réponse du brigand.

Il restait à présent moins d'un quart d'heure avant le retour automatique au XXIIe siècle, dans le fauteuil rassurant de Blouse Blanche. Richard devait continuer à parler, repousser le plus possible le début des réjouissances…

– Un instant, capitaine. Je souhaite confesser mes péchés !

– À qui donc ? Je ne suis pas homme d'église.

– Peu importe ! J'ai beaucoup à me faire pardonner. Voilà…

Richard mobilisa toutes ses facultés de concentration et d'imagination pour tenir en haleine les mercenaires. Il avoua les pires exactions, fit le détail des crimes les plus horribles qu'il se souvenait avoir lu dans les journaux. Thomas et Jehan l'écoutaient en affûtant leurs instruments. Le vieux chambellan faisait chauffer les braises. Martin passait en revue les pinces et les tenailles, indécis. Parfois, il lâchait un éclat de rire, quand l'anecdote de Richard s'y prêtait.

Enfin, l'horloge de la lentille oculaire marqua – 00 h 00 m 30 s !

Son calvaire allait s'achever sous peu. Richard allait quitter définitivement cette horrible époque, ce détestable an mil (ou à peu près…), pour n'y plus jamais revenir. Il lui ferait une telle publicité à son retour, que plus aucun gogo dans son genre n'accepterait d'y mettre les pieds !

Plus que quinze secondes…

– Espèces d'imbéciles ! s'écria Richard. Je vous déteste tous, vous êtes bêtes, vous êtes laids et vous puez plus que dix mille porcs réunis !

La surprise et la colère se peignirent sur les traits de Martin. Il fit claquer ses tenailles.

– Puisque vous le prenez ainsi, messire Richard, tant pis pour vous. Vous m'amusiez et je comptais en finir au plus vite, mais je crois que je vais faire durer mon plaisir, à présent.

Encore 5 secondes. 4, 3, 2, 1…

– Adieu !

Rien ne se passa. Aucune lueur blanche, comme pour l'aller.

Au lieu de ça, un message apparut et se mit à clignoter dans le champ de vision de Richard, en bas et à gauche :

« Cher client, vous avez choisi le forfait économique spécial Moyen Âge. Nous vous avons promis une surprise, la voici : notre agence est heureuse de vous offrir un week-end supplémentaire et totalement gratuit dans le passé !

Nous vous souhaitons un agréable séjour, en espérant que vous demeurerez pleinement satisfait de nos services. »

Ceux de Roche Diable

d'Emmanuel Viau
illustré par Dominique Rousseau

- 1 -

Lorsque le capitaine de la garde réapparut, il n'avait plus toute sa tête. Et les quatre soldats qui l'accompagnaient dans son exploration des galeries souterraines avaient disparu.

On interrogea le capitaine de la garde. Mais celui-ci, dément, ne put apporter aucun élément de réponse digne de confiance. On le soumit alors à la question par le feu. Il parla de trésors gardés par des démons et de bêtes horribles qui auraient dévoré ses hommes. Évidemment, on ne le crut pas. On le suspecta d'avoir voulu garder les trésors pour lui, et d'avoir tué ses soldats. C'est en effet ce qu'il avoua après avoir senti la morsure des tenailles chauffées à blanc sous ses pieds.

Pour finir, on pendit le malheureux, le laissant aux bons soins des corbeaux sur le gibet dressé à l'ombre des murs du château.

Mais Archébald Dessuel, seigneur du château de Roche Diable ne décolérait pas. En comptant la soldatesque disparue dans les souterrains, cela faisait onze morts en moins d'un mois ! Et il ne savait toujours rien de ce qui se tramait sous son château.

Le bâtisseur architecte, qui avait découvert les galeries en creusant pour aménager des oubliettes plus vastes sous le donjon, avait été le premier à disparaître.

Enthousiaste – « cela date d'avant l'époque des Barbares », s'était-il écrié –, il s'était aussitôt engagé dans le souterrain avec une simple lanterne pour équipement.

Deux jours plus tard, comme il n'avait pas réapparu, une équipe était partie à sa recherche. Puis on en avait envoyé une autre pour trouver la patrouille de secours... et ainsi de suite jusqu'au capitaine et ses quatre compagnons.

Non, cela ne pouvait plus durer, bouillonnait le seigneur. Les travaux n'avançaient plus et, pire, les rumeurs dans le château allaient bon train. Les souterrains étaient hantés, le palais maudit et le seigneur avec !

Plus personne ne voulait s'aventurer sous le château ni s'approcher de l'antre maudit, et cela même contre récompense sonnante et trébuchante.

Alors, messire Dessuel envoya des messagers dans toute la région pour recruter des mercenaires...

- 2 -

Le ciel noir fut brièvement déchiré par les nombreuses ramifications d'un éclair ; pendant quelques instants, les vieilles tours de pierre de Roche Diable furent illuminées. Gardes, enfants, paysans et serviteurs, la tête levée, attendaient le coup de tonnerre. Mais celui-ci ne vint pas. À sa place, une brise sèche et tiède se répandit mollement dans la cour du château, soulevant la poussière, faisant s'envoler une dizaine de corbeaux.

Le seigneur se lissa la barbe avec circonspection. À la lueur de la flambée dans l'âtre, les inconnus qui se tenaient devant lui n'avaient pas grande allure. « Et même en pleine lumière... » se dit-il.

Crottés, fatigués, vêtus de bric et de broc, les étrangers semblaient venir de très loin, et il ne leur avait pas laissé le temps de souffler.

– Vous êtes vraiment sûrs, mes gaillards ? Je pensais que... Comment dire ?

– N'ayez crainte, monseigneur, nous connaissons bien notre affaire.

Messire Dessuel fit la moue. Celui qui lui avait répondu paraissait être le chef. Il portait une armure et une épée. Certes, les deux étaient rouillées et dataient d'un autre âge, mais quand bien même, cela restait une armure et une épée !

À vrai dire, il était très déçu du résultat obtenu par ses messagers. Les six ou sept autres aventuriers qui avaient répondu à l'annonce ressemblaient plus à des gueux qu'à des hommes d'armes. La preuve : les souterrains ne les avaient toujours pas rendus !

Le châtelain commençait à désespérer lorsque les trois étrangers étaient arrivés. Ceux-ci étaient aussi pouilleux que les précédents, mais ils paraissaient plus… dangereux !

Sorbàn – c'était le nom du gaillard qui avait répondu à Dessuel – dominait ses compagnons de deux bonnes têtes. Son regard, franc et solide, était souligné par une grande cicatrice qui barrait sa joue droite. Ses cheveux, poivre et sel, étaient coupés court. L'allure de cet homme laissait à penser qu'il avait de l'éducation, que sa morale était droite. Sans doute avait-il été chevalier… Messire Dessuel dut le reconnaître, ce personnage inspirait la confiance.

Quant aux deux autres…

Le plus horrible était le Nain. Son visage – noir, c'était un moricaud ! – disparaissait presque entièrement sous de longs poils noirs eux aussi, dont les boucles rêches retenaient encore les restes de quelques repas. Malgré l'ampleur de sa soutane – il

allait en robe de moine –, l'être nommé Oldarique ne pouvait cacher son obésité. Et comme il ne le pouvait pas, il la soulignait avec, en guise de ceinture, une chaîne aux maillons rouillés enroulée autour de la taille.

Dessuel retint un rire : il imagina un instant cet être étrange à la place d'une roue de carriole. Il aurait fait parfaitement l'affaire ! L'objet massif en forme de massue que tenait le Nain noir, rempli de pointes et d'objets divers tels que couteaux, rasoirs, clous et verre brisé, le dissuada de tenter une telle plaisanterie.

À bien y réfléchir, le troisième personnage était bel et bien le plus incongru de tous en cette compagnie, en ce château perdu au fin fond d'une lande oubliée, en cette année 1265. Il s'appelait Mirena. C'était une jeune femme, sinon une jeune fille. Messire Dessuel n'aurait pu dire si elle était jolie, tant la couche de crasse qui recouvrait son visage était épaisse. De taille moyenne, allant vêtue d'une simple cape en lambeaux, elle affichait un regard éclatant de curiosité. La vivacité de ses gestes suggérait qu'elle devait être bon bretteur[1].

Voilà, il savait !

Messire Dessuel avait enfin mis le doigt sur ce qui le gênait. Ce n'était pas tant l'accoutrement de ces trois-là que le fait qu'ils étaient mal assortis. Que pouvaient bien faire ensemble un chevalier déchu, un nain nauséabond et une créature d'apparence innocente ?

C'était certes un sujet de réflexion intéressant, mais le châtelain avait pour l'instant d'autres chats à fouetter.

– Vous ne devriez pas être plus nombreux ? continua-t-il.

En fait, il ne savait comment présenter le problème et reculait le moment fatidique de le faire ; il était las d'avoir à expliquer et à réexpliquer son histoire.

– Messire Dessuel… si vous en veniez au fait ? répondit Sorbàn. Votre temps est précieux, autant que le nôtre, et…

Il ne put terminer sa phrase car Oldarique inter-

1. Bretteur : qui se bat à l'épée.

vint, sa voix rauque et cassée résonnant fort entre les pierres de la grande salle.

– Et cela fait cinq jours qu'on se gèle, qu'on se traîne dans cette région pourrie. Sauf votre respect monseigneur, votre campagne est bien vide. Ni gibier, ni point d'eau… Mes pieds sont si échauffés qu'ils pourraient faire fondre les glaciers des montagnes de…

– Tu parles ! Pas d'eau, pas de gibier… Ce dont tu avais besoin, c'était juste d'une auberge et de quelques bouteilles de cidrevin… Et ce ne sont pas tes pieds qui sont échauffés, mais ton estomac, gros cochon !

Interloqué, messire Dessuel écouta quelques instants l'altercation entre le gros nain et la damoiselle. Les propos étaient vifs, mais sans agressivité, juste des plaisanteries de vieux compagnons de route.

À ce moment-là, Dessuel sut qu'il tenait la bonne équipe : ils s'entendaient bien et, en dépit de leur apparence, quelque chose en eux lui soufflait qu'ils étaient honnêtes.

Le seigneur du château de Roche Diable leur expliqua alors ce qui l'avait amené à rechercher des aventuriers en quête de sensations fortes.

Plus tard, attablés au *sale* comptoir de la *pauvre* taverne du château, les trois compagnons devisaient devant quelques bolées de cidrevin qu'ils payaient avec les pièces d'or données par le seigneur Dessuel, en guise d'acompte.

– Buuurps ! fit Oldarique, en reposant bruyamment sa chope. Des démons, des morts, ce n'est pas un peu trop dangereux pour nous ?

– Ils disent tous la même chose, tu devrais le savoir avec le temps, répondit Sorbàn. Dieu sait pourquoi il est plus facile à un seigneur d'admettre qu'on habite au-dessus de l'enfer que d'avouer qu'on héberge des brigands. Pour moi, il ne s'agit que de mécréants cachés sous le château et qui défendent leur territoire !

– Hips... c'est toujours la même chose, ils ne disent jamais tout ! Vous vous souvenez de la princesse, euh... j'ai oublié son nom, hips... mais...

Mirena et Sorbàn continuèrent leur discussion sans se préoccuper d'Oldarique.

– Quand même occire autant de gens pour protéger une simple cachette ? Mirena fit la moue. Si ces mécréants protègent un trésor, il doit être conséquent, non ?

– Je te le répète, j'attendrai de voir des monstres avant d'y croire, rétorqua Sorbàn. Quoi qu'il en soit, nous devons nettoyer ce souterrain, et éventuellement retrouver le trésor. Si trésor il y a... Dans une région comme celle-ci, j'ai des doutes.

– Tu es sûr d'avoir suffisamment négocié ? Cinq cents pièces d'or, finalement, ce n'est pas beaucoup pour... hips... tout ça ! Récupérer un trésor... burp... ça coûte cher. Surtout s'il y a des... buuuurps... monstres à tuer !

Le cidrevin commençait de faire effet sur Oldarique qui s'exprimait de plus en plus fort. D'ailleurs, dans la taverne, les conversations se turent ; les dernières phrases avaient vraisemblablement été entendues. On les regarda sans aménité.

– J'aimerais, Oldarique, que tu parles plus bas. Certaines choses n'ont pas à être entendues par toutes les oreilles.

Sorbàn tourna la tête discrètement. Cachés dans l'ombre du fond de la salle, plusieurs hommes en guenilles et aux têtes patibulaires les fixaient ouvertement, tous les trois, un sourire mauvais aux lèvres.

– Ô habitants de Roche Diable et vous autres, nobles habitués de cette taverne…

Sorbàn s'était levé et s'adressait à l'assemblée. Ses deux compagnons se regardèrent, surpris.

– … je vous le dis, nous sommes ici de par la volonté du seigneur de ces lieux. Nous avons mandat de récupérer certaines affaires dudit seigneur de Roche Diable. Et il ne tolérera pas qu'on s'élève contre sa volonté.

Il dévoila son épée, rangée dans un fourreau suspendu à son dos.

La plupart des clients baissèrent les yeux ; les gueux du fond de la salle maugréèrent en ricanant. Ils n'avaient aucune envie de défier les étrangers, ils pariaient juste sur le temps que les aventuriers mettraient à mourir dans les souterrains !

- 3 -

Le château de Roche Diable avait été construit au sommet d'un promontoire rocailleux, avec des pierres extraites de la colline. L'origine de sa fondation se perdait dans la nuit des temps. Vraisemblablement, comme l'avait émis le bâtisseur avant de disparaître, elle précédait les invasions des Barbares venus de l'Est.

Ce n'était pas un grand château et la région qui vivait sous son joug n'était pas riche. Mais il était à l'image de la pierre d'ici : froid, austère, sévère, solide. On prétendait qu'il n'avait jamais été pris d'assaut.

– Tu parles, soupira Oldarique, s'il n'a jamais été assiégé, c'est surtout qu'il n'a jamais été attaqué ! Qui aurait envie d'être à la tête d'un pays où il n'y a rien d'autre à manger que des orages et de la pluie ?

Sorbàn rétorqua qu'au moins, dans ce souterrain, ils étaient au sec, et au chaud.

– Et avec ce que tu as mangé à la taverne, tu peux tenir deux ou trois semaines, non ?

Le Nain ne répondit pas. Il avançait en tête du petit groupe.

Les trois comparses évoluaient dans le tunnel depuis deux heures à peine et Oldarique s'ennuyait déjà. Une torche dans une main, sa terrible massue dans l'autre, il marchait en pestant. Derrière lui, Mirena et Sorbàn mi-amusés mi-agacés le suivaient de près, en silence.

Aucun d'eux ne paraissait réellement inquiet et ils avaient une confiance absolue les uns envers les autres. L'assurance de Sorbàn et les jurons d'Oldarique suffisaient à Mirena pour garder un moral d'acier. Pendant qu'elle marchait et parce que la galerie n'offrait rien d'autre à voir que des murs de pierre et de la poussière, elle partit dans ses souvenirs.

– Tu te souviens, Oldarique, des pauvres soldats au bord du grand fleuve. La frousse que…

Le Nain s'arrêta soudainement.

– Là-bas, chuchota-t-il en tendant sa massue devant lui. Il m'a semblé…

Ses deux compagnons fouillèrent du regard la limite entre l'obscurité du labyrinthe et la lueur projetée par sa torche. Mirena en était à se dire que son ami avait rêvé lorsque… Tous les trois, en même temps, eurent l'étrange sensation qu'on les observait. Et de très près.

La jeune fille avança, sa petite arbalète pointée vers le fond de la galerie. Elle ne résista pas longtemps à l'envie de tirer au hasard deux carreaux dans l'obscurité du souterrain.

Sorbàn fronça les sourcils. D'un geste sec, il ordonna à la jeune fille de cesser.

– Réfléchis donc, fillette ! Il doit y avoir suffisamment de morts sous ce château pour n'avoir point besoin d'en rajouter.

Ils attendirent un son, une réaction, un cri… n'importe quoi. Comme rien ne se passait, ils reprirent leur route. Mais, lorsqu'ils cherchèrent en vain les carreaux tirés par Mirena, ils changèrent d'attitude. Oldarique cessa de se plaindre. Sorbàn tira son épée. Quant à la jeune femme, elle se rapprocha insensiblement de l'ancien chevalier.

La première difficulté apparut à la fin de l'après-midi, alors qu'ils marchaient sans discontinuer depuis le matin : le souterrain, qui se déroulait jusqu'à présent sur une seule voie, s'élargit soudainement en une pièce plus vaste que leurs torches ne parvenaient pas à éclairer en entier. La seule chose réellement sûre ici, c'était que la galerie se séparait en quatre chemins différents.

La petite équipe s'accorda donc sa première halte. Les mercenaires défirent leur lourd paquetage, en soufflant. Sur l'insistance d'Oldarique, Sorbàn accepta que l'on prépare un feu avec le bois sec qu'ils avaient amené à cet effet.

Bientôt, de grandes flammes alimentées par un courant d'air ténu venu des différentes voies d'accès des catacombes éclairèrent l'endroit.

Mirena retint une exclamation.

On aurait dit un lieu de culte. Une table de pierre, comme un autel, avait été dressée tout au fond. La dalle de granit était usée en son centre et tachée. La jeune fille frissonna et ne chercha pas à comprendre l'utilité d'une telle table. Plus haut, au-dessus de l'autel, la paroi avait été lissée et elle était ornée d'étranges dessins. C'étaient les seuls murs rocheux un peu travaillés. Sur les autres, on voyait nettement que le souterrain avait été creusé grossièrement, à la pioche ou à la masse...

Tracés d'une main hésitante, à la manière d'un enfant, les dessins représentaient une troupe en armes pourchassée par des animaux qu'aucun des trois compagnons ne connaissait.

– Ça a l'air vraiment vieux, non ? dit Mirena à voix basse.

Elle évitait de regarder les dessins.

– Oui, plutôt. Et puis, je ne vois pas ce que...

Sorbàn suivait les lignes des dessins, pas à pas, le nez en l'air, comme hypnotisé.

– Ce devait être une secte. Des adorateurs du diable, si j'en crois ces représentations de démons à deux têtes. Les soldats représentent sans doute ceux qui voulaient les tuer.

– Des fanatiques ? Oldarique rigola. À couper en deux, ça doit être drôle... Vivement qu'on tombe sur eux !

– Tant qu'on ne tombe pas sur ces bestioles, murmura Mirena, mal à l'aise.

Ce fut au tour de Sorbàn de rire.

– Allons fillette ! Tu ne vas pas me dire que tu as peur. J'avoue moi-même avoir douté, mais il est clair maintenant que nous avons affaire à un culte secret qui cherche juste à se protéger des intrus comme ceux que leur a envoyé le sieur Dessuel.

Oldarique confirma les conclusions de son compagnon en désignant les traces de pas dans la poussière.

– Il y a eu un grand passage ici. Des traces de galoches, sans doute celles des hommes du château, mais aussi des traces de pieds nus, regardez.

Ils virent d'autres empreintes qu'ils ne réussirent pas à identifier.

Mirena et Sorbàn s'intéressaient de près à l'espèce de poussière qui recouvrait le sol et sur laquelle ils évoluaient sans doute depuis qu'ils avaient franchi le seuil du souterrain. Toute leur progression s'était faite sur le mode étouffé, alors que le bruit de leurs armes et de leur équipement aurait dû résonner sur les parois de pierre. Mirena, accroupie, fit remarquer que cela ressemblait un peu à un champignon, à cette moisissure que l'on trouve dans les vesses-de-loups.

Oldarique haussa les épaules :

– Beurk, ça ne se mange pas !

Les trois aventuriers remarquèrent qu'une fine couche de cette poussière imprégnait leurs vêtements. Ils s'époussetèrent, mais ne réussirent qu'à se faire tousser.

Sorbàn se redressa brusquement, l'air pensif.

– Allons, nous perdons du temps. Il nous faut chercher les ouvertures. Les pratiquants de cette secte doivent entrer et sortir à leur guise sous le château. Sans doute par quelque caverne secrète creusée dans la colline.

Oldarique protesta qu'il était fatigué, qu'avant de poursuivre leur chemin, il lui fallait dormir et que, de toute façon, ils n'avaient pas choisi la galerie à explorer...

Mirena se plaça à côté du moine nain, les bras croisés et le regard fermement planté dans celui de Sorbàn. Celui-ci leva les bras vers le plafond, l'air faussement accablé.

– Ciel, quelle belle paire d'aventuriers j'ai là ! Cette histoire aurait pu être réglée avant la fin de la journée. Nous aurions pu alors rentrer dormir dans un vrai lit, bénéficier de l'hospitalité de ce bon Dessuel. Mais puisque vous le décidez, nous dormirons donc dans la poussière, sur les lieux d'un culte maudit !

– Je dis même mieux : nous mangerons sur ces lieux ! s'exclama Oldarique.

Ils s'esclaffèrent tous les trois.

Après s'être restaurés, Mirena et Oldarique s'enveloppèrent dans leur couverture de couchage, pestant contre la poussière qui s'introduisait partout. Sorbàn prit le premier tour de garde.

La dernière image que Mirena emporta dans son sommeil fut celle de Sorbàn accroupi attisant le feu. Lorsqu'elle se réveilla un long moment plus tard, le feu était éteint.

Oldarique dormait toujours.

Sorbàn avait disparu.

- 4 -

Comme Oldarique se rapprochait du premier couloir, s'y engageant prudemment de quelques pas, il s'exclama soudain :

– Eh, regarde ça !

Sa main tendue désignait un corps gisant sur le sol, un peu plus loin. Il était criblé de fléchettes et d'éclats de pierre. La jeune fille faillit hurler.

– Dis-moi que ce n'est pas Sorbàn !

Mirena voulut s'approcher du cadavre, mais le Nain la retint.

– Combien de fois t'ai-je dit de regarder où tu marches ! gronda-t-il.

Comme elle le fixait, interloquée, il lui montra les petites ouvertures dans le mur.

– Ça vient de là, souffla-t-il.

– Qu'est-ce qui vient de là ? demanda l'adolescente, surprise.

– Les fléchettes, idiote !

Sans quitter sa place, le moine noir lança une torche qui rebondit plusieurs fois dans le tunnel avant d'atterrir tout près du cadavre. Ce n'était pas Sorbàn, sans doute l'un des nombreux hommes envoyés par Dessuel.

Une dizaine de projectiles jaillirent soudain des parois en chuintant, rebondirent sur les murs qui leur faisaient face et retombèrent sur le sol en cliquetant.

Mirena resta sans voix.

– Ça alors, tu m'as sauvé la vie !

Oldarique rit :

– Tu me dois un tonneau de cidrevin, ou un tiers de ta part de récompense. Qu'en dis-tu ?

Puis ils redevinrent sérieux. La disparition de leur compagnon s'éternisait plus qu'ils ne s'y attendaient.

– Sorbààààn !

Oldarique et Mirena s'égosillèrent pendant un long moment dans chacun des tunnels, celui du cadavre excepté.

Le Nain toussota, cherchant à avaler la salive qui restait bloquée au fond de sa gorge. Il n'osait l'avouer, mais il n'aimait pas trop la tournure que prenait l'aventure. Sans Sorbàn, cela devenait…

– Je n'aime pas ça, Oldarique, dit Mirena à cet instant. Je suis heureuse de ta présence, mais j'aimerais bien que Sorbàn soit là aussi. Il n'a pas pour habitude de disparaître sans nous prévenir…

La voix de la jeune fille tremblait.

Oldarique continua à se racler la gorge sans trouver quoi répondre.

Ils finirent par convenir d'une ligne de conduite : ne pas se séparer. Après ? Ils ne savaient pas. Ils hésitèrent encore un long moment avant de choisir celui des tunnels qu'ils allaient emprunter. C'était en effet un choix difficile, car tous se ressemblaient : un sol en terre battue et des parois tout en aspérités de schiste.

Alors ils prirent le premier, parce que c'est sans doute celui-ci qu'aurait suivi Sorbàn.

Il apparut bientôt qu'ils avaient emprunté la voie de l'enfer.

Après une demi-heure de marche, ils tombèrent sur les lieux d'un massacre, au détour d'un coude de la galerie. Il y avait eu un combat entre… Mirena ne voulut pas le savoir, se rassurant juste du fait que Sorbàn ne figurait pas parmi les victimes. Elle resta en arrière, pendant qu'Oldarique fouillait les lieux à la recherche d'indices. Si Sorbàn était encore là, elle aurait proposé qu'ils fassent demi-tour et qu'ils laissent au seigneur Dessuel le soin d'explorer ses oubliettes lui-même. Mais maintenant, ils ne partiraient pas sans savoir ce qu'était devenu leur compagnon.

Le petit moine noir revint un long moment plus tard vers la jeune fille. Il affichait une mine préoccupée.

– Je pense que ce sont les gens de Dessuel. Des hommes portent ses armoiries, d'autres sont sans doute les mercenaires qui nous ont précédés.

Oldarique semblait ennuyé, ou nerveux. Il poursuivit sur un ton hésitant :

– J'ai l'impression qu'ils se sont entretués !

– Qu'est-ce qui te fait dire cela ?

– Je ne saurais dire. À la façon dont ils se sont embrochés, sans doute.

Mirena fut tentée de s'approcher du tas de cadavres, mais l'horreur la retint.

– Ce que je veux dire, continua le Nain qui avait de plus en plus de mal à se concentrer sur la conversation, c'est qu'il n'y a pas d'autres morts. Juste des gens du château. Vu la bagarre qu'il y a eu là, il devrait y avoir des agresseurs… Mais non, je n'ai… Ah ! et puis j'en ai assez de toute cette poussière. Saleté de champignon !

Il commença à s'épousseter violemment, se mettant de grandes bourrades sur les jambes, les bras. Quand il se mit à se donner des gifles, la jeune fille s'alarma. Elle tenta de le prendre par les épaules, mais il se dégagea et la fixa.

Cette fois-ci, Oldarique était hagard. Il ne disait

plus rien. Son regard paniqué allait de Mirena à un point situé derrière elle.

– Oldarique, dis quelque chose ! Que se passe-t-il ? Arrête, tu me fais peur.

Le visage du nain se crispa légèrement. Ses yeux s'agrandirent, sa bouche s'arrondit. Il tendit la main dans sa direction.

– Quoi ? cria-t-elle.

Elle se retourna et ne vit rien d'autre que l'obscurité.

Le Nain était maintenant terrorisé par quelque chose qu'il était le seul à percevoir. Le cri resté bloqué dans sa gorge depuis un moment sortit enfin.

Après leur progression silencieuse des dernières heures, son hurlement éclata comme un coup de tonnerre dans les oreilles de Mirena. Elle n'eut pas le temps de lui demander de se taire : Oldarique pivota sur lui-même, laissa tomber son arme et sa torche. Il disparut en courant et en hurlant dans l'obscurité.

Mirena ne céda pas à la panique. Elle découvrit qu'elle était plus forte qu'elle ne le croyait. Pourtant, sa situation était terrifiante. Seule, livrée à elle-même dans des galeries inexplorées et hantées, remplies de morts et de fous. En ramassant la torche et l'arme de son compagnon, elle se mit à rire, malgré elle. La situation ne pouvait pas être pire et pourtant, elle n'avait plus peur. Ses deux amis n'étaient plus là pour la protéger ? Eh bien, elle partirait à leur recherche, dût-elle y laisser la vie ! De toute façon, ils étaient sa seule famille.

Chantant une mélodie venue de son enfance, l'adolescente dépassa le lieu du carnage et s'enfonça toujours plus bas sous terre, à la poursuite du Nain, dont les cris de terreur résonnaient toujours, mais de plus en plus dans le lointain.

- 5 -

Elle avait perdu le compte du temps.

« Trois torches, non quatre, pensa-t-elle, ont brûlé depuis que je course Oldarique. »

Le tunnel descendait en ligne droite. Tout entière occupée à sa poursuite, elle se moquait maintenant de toute précaution. Mais dans son souvenir, il ne lui semblait pas avoir dépassé de croisement. Pour elle, Oldarique était toujours devant elle. Mirena ne l'entendait plus depuis un moment. Mais elle continuait sa quête, car elle ne pouvait se résoudre à quitter les lieux. Elle était fatiguée, et ses protections contre la peur commençaient à vaciller. Elle ne voulait pas se reposer, pas tant qu'elle ne serait pas fixée sur le sort de ses compagnons. Et puis, si elle s'arrêtait, si elle s'endormait, elle se disait que toutes les ombres du souterrain se jetteraient sur elle. Alors, elle avançait vite, en criant parfois le nom de l'un ou l'autre de ses amis. Elle respirait mal car la poussière du champignon se faisait toujours plus présente, collante.

Elle crut à une hallucination lorsqu'elle aperçut

distinctement, dans son champ de vision, un chien monstrueux.

Mirena s'arrêta, se frotta les yeux. Lorsqu'elle les rouvrit, l'animal avait disparu, mais elle entendit un bref jappement un peu plus loin devant elle.

– Qui est là ? cria-t-elle, la voix tremblante.

Des murmures sortis de l'obscurité parurent lui répondre. Il fallait faire quelque chose. C'était cela, ou devenir folle dans l'instant ! Alors, elle fonça droit devant elle, torche et épée brandies : elle avait jeté depuis longtemps la massue d'Oldarique.

Elle courut et aperçut de nouveau le chien qui l'attendait un peu plus loin dans la galerie. Mirena voulait ce chien, lui et ses maîtres. Elle accéléra le pas, sachant que la solution à tous ces mystères n'était plus très loin.

Elle se lança de toutes ses forces à la poursuite de l'animal qui semblait maintenant la narguer. Dans sa course folle, elle faillit manquer une ouverture sur le côté, d'où jaillissait une lueur rouge-orangé.

Mirena hésita. Se détourner du chemin ? S'engager sur le côté ? Elle pensa qu'Oldarique se serait approché de la lumière.

Elle déboucha d'un coup de l'autre côté et se retrouva dans une caverne aux proportions… monstrueuses.

Mirena se dit qu'elle y était enfin. Qu'elle était devenue folle.

Dessuel avait raison, et Sorbàn tort.

Elle était dans la demeure souterraine du diable,

en enfer. Oui, c'est ainsi qu'elle se représentait l'enfer dans ses pires cauchemars !

- 6 -

Il y avait un feu immense. Ses longues flammes, denses, fournies, presque huileuses, et une multitude de torches accrochées un peu partout éclairaient la grande caverne, jetant des reflets d'or et de sang sur ses murs de pierres déchiquetées.

Tout autour du feu, un grand nombre de gens dansaient, à demi nus. Ils se tenaient par la main, tournant sur eux-mêmes, sautant, tournoyant au son de tambours métalliques.

C'est le chien monstrueux qui la sentit arriver. Comme elle s'approchait, hébétée, vacillante, vers le feu, il se mit à aboyer, à cracher… Mais, au son d'une voix grondante, l'animal s'égaya. Le personnage qui avait parlé se tenait devant elle. Mirena tomba à genoux, son esprit plongé dans la plus grande terreur.

– Seigneur, ayez pitié de moi ! Pardonnez mes péchés.

La jeune femme n'avait jamais cru dans la religion. Pourtant, maintenant, devant le maître des lieux, elle n'avait plus le choix et recommandait son âme à Dieu.

L'homme était immense. Il n'était vêtu que d'une simple peau de bête et ses mains tendues lui faisaient des gestes rassurants. Mais sa tête, sa tête !

Mirena hurla ; l'homme avait une tête de bouc, avec d'horribles yeux jaunes fendus au milieu par des pupilles verticales.

– Mirena, Mirena ! Ne crains rien, viens !

Derrière le monstre, quelqu'un l'appelait. C'en fut trop, elle s'évanouit.

- 7 -

Lorsqu'elle se réveilla, la jeune exploratrice pensa d'abord qu'elle avait fait un horrible cauchemar. Puis elle aperçut les reflets orangés sur le plafond rocheux. Elle était toujours dans la caverne. Autour d'elle, elle perçut des mouvements, des bruits, des chuchotements. Mirena voulut bouger, et s'aperçut que cela lui était très difficile.

– Pourquoi… pourquoi suis-je attachée ? murmura-t-elle faiblement.

La peur, qu'elle espérait avoir laissée de côté dans son évanouissement, revenait à grands pas. L'homme à la tête de bouc, l'animal monstrueux, la musique, la danse autour du feu… Si on l'avait attachée, c'était pour la sacrifier ou pour la manger !

Elle poussa sur sa voix :

– Pourquoi suis-je attachée ! s'égosilla-t-elle.

Son cri fut avalé dans une quinte de toux. Visiblement, la poussière s'introduisait partout.

– Tu n'es pas attachée, fillette, fit une voix familière.

Elle mit un moment à l'identifier.

– Sorbàn ! croassa-t-elle. Dieu soit loué, tu es vivant ! Toi aussi tu es prisonnier ?

– Vivant, oui ! Prisonnier... répondit la voix.

Elle n'arrivait toujours pas à détourner son visage vers son ami.

– ... certes non ! En convalescence, si tu préfères.

– Pourquoi ? Es-tu malade ?

– Oui Mirena, tout comme toi. Il nous faut juste un peu de repos.

La jeune fille ne comprenait pas. Que venait faire une convalescence auprès d'un feu dans une caverne alors qu'on est censé... Censé faire quoi, au fait ?

La mémoire brumeuse de Mirena lui jouait des tours.

– Et Oldarique, où est-il ?

– À côté, il dort encore. Lui aussi est malade et on le soigne.

Mirena parvint enfin à tourner sa tête. Elle commença à sourire en reconnaissant les vêtements de Sorbàn. Mais, lorsqu'elle vit son visage, elle hurla. C'était une tête de mort, un squelette !

Mirena s'évanouit à nouveau.

- 8 -

– Et voilà, messire Dessuel, le seul trésor qui se trouve sous votre château, c'est cette poussière.

Encore fatigués mais la posture fière, Oldarique, Mirena et Sorbàn se tenaient devant le seigneur de Roche Diable. La jeune fille tendit un sachet contenant une sorte de poudre.

– Je vous le garantis : jetez ceci au visage de vos ennemis et, dans la minute qui suit, ils s'entretueront.

Le seigneur contemplait le petit sachet, le front plissé.

– Vous voulez dire que c'est cela qui a tué mes hommes ? Il n'y a pas de monstres ?

Il avait presque l'air déçu.

Oldarique s'inclina.

– Oui, messire. Et cela a bien failli nous occire aussi. Cela nous a d'abord rendu fous, terrorisés par nos propres hallucinations, puis totalement paralysés.

– Mais qui sont ces gens dont vous m'avez parlé ?

Cette fois, ce fut Sorbàn qui s'exprima.

– Si vous voulez bien m'en croire, monseigneur, laissez ces gens tranquilles, là où ils sont. Impossible pour eux de quitter ces tréfonds ténébreux. Ils sont contaminés depuis si longtemps par le champignon, que vivre sous d'autres cieux que la « Roche-caverne », comme ils l'appellent, les feraient mourir.

– D'où viennent-ils ?

Sorbàn haussa les épaules.

– Ils ne le savent pas eux-mêmes, messire. Pour moi, ce sont les lointains rejetons d'une secte de l'ancien temps. Pourchassés, ils se sont introduits tout au fond de la colline pour n'en plus jamais sortir.

Dessuel frissonna.

– Pourquoi leur laisserais-je la vie ? J'ai perdu plusieurs hommes là-bas !

– Croyez-nous messire, les êtres de Roche-caverne sont inoffensifs, répliqua Oldarique d'un ton peu amène. Ils nous ont soignés en nous administrant un antidote contre cette poussière. Sinon, comme vos hommes, nous serions morts de terreur, nous nous serions entretués. Par la grâce de Notre Seigneur, accordez à ces pauvres créatures le droit de vivre sur votre terre. Sous votre terre, en fait. Et, si besoin est, payez-vous avec cette poussière tueuse…

Le seigneur de Roche Diable ne répondit qu'après un long moment.

– Pourquoi pas… j'aviserai.

Il y eut un nouveau silence. Là-bas à l'horizon, de nouveaux nuages s'amoncelaient. Un grondement sourd s'étira paresseusement dans le ciel.

Au même moment, les trois amis ressentirent le besoin de quitter ces lieux. Il leur fallait respirer un air plus pur et voir le soleil s'élancer dans le ciel bleu, inonder la mer, bénir la campagne.

Dessuel sentit l'impatience des trois aventuriers.

Comme promis, il leur paya la somme due. Sans plus de cérémonie, ils se saluèrent.

Sorbàn et ses compagnons quittèrent le château sous l'averse, sans un regard en arrière.

sentiments

Un impossible amour

de Giorda
illustré par Patrick Deubelbeiss

- 1 -

L'hiver approchait.

Debout au bord de la rivière, Marion songeait qu'il lui faudrait bientôt ressortir du coffre en bois la cotte en laine qu'elle avait remise en état pendant les longues soirées d'été, au lieu d'aller danser et rire avec les garçons et les filles sur la place du village. Certains, même, s'étaient moqués d'elle :

– Tu ferais mieux de venir avec nous. Si tu veux te marier un jour…

Elle, elle haussait les épaules. Elle n'avait pas oublié les conseils que sa mère lui avait prodigués sa vie durant :

Sois avisée, ma fille, prudente et économe. Alors, tu verras, tu ne manqueras pas de prétendants !

En suivant ses recommandations, Marion était sûre d'être une bonne épouse, le jour où Dieu lui enverrait celui qu'il lui destinait.

Depuis la mort de sa mère, Marion vivait seule dans leur petite chaumière. Et l'intendant du château, messire Pierre Ysambard, n'avait pas hésité à lui confier la garde du troupeau de moutons, propriété du seigneur du village, que gardait sa mère avant elle.

Ce jour-là, ses bêtes, qui paissaient tranquillement au bord de la rivière, se mirent soudain à courir en tous sens, complètement affolées.

– Beaudon ! cria Marion à son chien. Fais-les tenir en paix !

L'animal se mit à décrire de grands cercles autour du troupeau tout en aboyant. Un bélier voulut lui faire face, tête baissée. Mais le chien bondit de côté et le mordit au flanc.

– Pourquoi l'as-tu mordu ? lui cria Marion. Il te suffisait de lui faire peur…

Le chien s'éloigna, la tête basse, comme s'il demandait pardon pour sa faute. Calmés de leur panique soudaine, les moutons s'étaient arrêtés de courir. La tête levée, ils regardaient une petite troupe d'hommes, armés d'épieux et d'arquebuses, qui traversaient la rivière sur deux files. Tous les trois pas, un homme s'arrêtait et se retournait vers son vis-à-vis, comme les soldats d'une escorte qui font la haie.

Puis ce fut au tour d'un groupe de cavaliers de traverser la rivière en passant entre la haie formée par les hommes d'armes.

« C'est peut-être le comte Raymond de Flers qui vient visiter ses terres », pensa aussitôt la jeune fille.

En effet, parmi ces hauts personnages, tous richement vêtus, elle venait de reconnaître messire Ysambard, l'intendant, et maître Théobald, le chapelain[1] du château. Ils escortaient un jeune chevalier monté sur un magnifique palefroi à la robe blanche comme neige. Il avait des cheveux blonds, des yeux d'un noir profond et des lèvres vermeilles. Il était vêtu d'un pourpoint vert broché d'or et d'argent.

Était-ce lui, Raymond de Flers, le jeune seigneur du village que personne ici n'avait vu depuis longtemps ? Car, à la mort de ses parents, son oncle devenu son tuteur l'avait emmené dans son château pour lui enseigner les règles de la chevalerie.

Était-ce lui qui revenait ?

Marion le trouva fort beau. Elle voulut s'approcher de lui.

« Ah ! pensait-elle, si seulement il tournait son regard sur moi... »

1. Chapelain : prêtre officiant dans une chapelle.

Elle sursauta, tout à coup, en entendant un agneau bêler lamentablement. Elle se précipita vers lui. Un homme d'armes, en traversant au galop le pâturage, l'avait bousculé sans ménagement. Et la pauvre bête avait peut-être une patte cassée. En tout cas, elle ne pouvait plus marcher. Marion la releva doucement, la prit dans ses bras, la berça comme on fait pour un enfant nouveau-né.

En la voyant faire, un homme éclata de rire.

– Voyez donc la fille comme elle la cajole, sa bête ! s'écria-t-il. Va-t-elle aussi lui donner son téton pour la faire boire ?

Et tous de se moquer d'elle. Seul, le jeune seigneur fronça le sourcil, comme s'il était mécontent de ses hommes.

Marion, qui le regardait toujours aussi intensément, n'eut pas le temps de s'interroger davantage. Déjà, un cavalier, qui portait, sur son poing gauche ganté de cuir fauve, un faucon battant des ailes, lui demandait :

– As-tu vu, la belle, des oiseaux passer dans le ciel aujourd'hui ?

– Oui, lui répondit-elle, j'ai vu force pinsons et chardonnerets voleter dans les arbres ci-près.

En l'entendant, tous les hommes d'armes éclatèrent bruyamment de rire.

– Crois-tu que nous avons emporté ces belles armes pour tuer si petit gibier ? s'exclamèrent-ils en brandissant leurs lourdes arquebuses, capables d'abattre un homme à cinquante mètres.

– Ce sont de plus nobles oiseaux que nous

entendons chasser aujourd'hui avec le comte de Flers, expliqua alors messire Ysambard.

– Lesquels ? demanda Marion.

– Des hérons et des cygnes, répondit l'intendant. Car ils sont de belle taille et d'un goût délicieux…

– Voilà de bien courageux chasseurs, s'exclama Marion, qui s'en prennent à de pauvres oiseaux sans défense. Pourquoi ne pas chasser plutôt le loup ou le sanglier ? Car ce sont là bêtes nuisibles…

Elle s'approcha du comte pour lui demander d'épargner ces oiseaux et se jeta aux pieds de son palefroi, tout en essayant de saisir sa main droite où brillait un anneau d'or orné d'un gros rubis.

Le jeune seigneur – il était à peine plus âgé que Marion – se pencha sur sa selle en lui tendant la main pour l'aider à se relever. Mais, au même instant, messire Ysambard s'interposa en maugréant :

– Comment une bergère ose-t-elle ainsi approcher de si près notre seigneur, alors qu'elle sent le suint et la crotte de ses moutons ?

Tout en parlant, il la repoussait avec son cheval, si bien que Marion n'eut pas le temps de parler au comte. Déjà, l'intendant, aidé de maître Théobald, entraînait le jeune seigneur de l'autre côté du pâturage.

Marion le regarda s'éloigner sans pouvoir détacher son regard de lui. Mais comme il avait raison, messire l'intendant. Elle sentait trop le suint et la crotte de moutons !

- 2 -

Marion eût été sûrement fort étonnée d'entendre Raymond de Flers demander à messire Ysambard :

– Comment s'appelle donc cette jeune bergère ? Et pourquoi l'avez-vous empêchée de rester près de moi ? Je comptais bien lui dire qu'aujourd'hui nous ne chasserions pas d'oiseaux pour lui plaire.

– Son nom est Marion, lui répondit l'intendant, un peu à contrecœur. Elle est arrivée tout enfant dans notre village. Nul ne sait qui l'y a amenée. La femme de Rogier, qui était de vos vilains, l'a adoptée…

– Était ? l'interrompit vivement Raymond.

– Oui, il est mort, il y a près de dix ans, dans la bataille où votre père a été tué, lui aussi…

– Il était donc à son service ?

– Oui, et c'était un homme loyal ! C'est pour ça que nous avons laissé à sa femme leur chaumière et un lopin de terre. C'est là que Marion a été élevée. Et, à la mort de sa mère…

– Ainsi, sa mère est morte, à elle aussi ? l'interrompit une nouvelle fois le jeune chevalier.

Messire Ysambard ne put s'empêcher de sourire. Raymond, comme jadis son père, était bien prompt à s'enflammer. Visiblement, il s'était pris d'intérêt pour cette jeune bergère. Allons, cela ne durerait pas ! Il suffirait d'un regard de sa propre fille, Perrone, qu'il comptait lui présenter bientôt pour qu'il oublie Marion tout aussitôt.

– Elle est donc orpheline comme moi ! s'exclama le jeune seigneur.

Quand elle avait appris la mort de son époux, la mère de Raymond n'avait pas survécu à son chagrin. Elle était morte peu de temps après d'une maladie mystérieuse devant laquelle les médecins étaient restés impuissants, malgré tous les remèdes des apothicaires. Raymond s'en souvenait bien. Il avait sept ans à cette époque-là. Et il ne s'était jamais vraiment consolé de cette perte.

Il se retourna un instant sur sa selle pour jeter un regard vers le pâturage où se dressait toujours la mince silhouette de Marion, debout au milieu de ses bêtes. Le vent faisait danser ses cheveux sombres autour de son visage tourné dans sa direction. De quelle couleur étaient donc ses yeux si limpides : bleus ou verts ? Il n'arrivait pas à s'en souvenir…

– Nous reviendrons demain, dit-il en éperonnant enfin son palefroi. Ainsi, je pourrai la revoir et lui parler.

– Et pourquoi donc ? s'étonna Gautier, le petit page, qui avait suivi la scène avec des yeux moqueurs.

– Parce qu'elle me plaît !

– Vous voulez donc l'enlever ? insista le page. Laissez-m'en le soin. Je vous l'amènerai tantôt au château et…

– Jamais, que Dieu m'en soit témoin, s'écria le comte, je ne ferai ni te laisserai faire pareille vilenie !

– Voilà qui est bien, intervint alors maître Théobald. Et qui fait honneur au serment de chevalerie que vous avez tantôt prononcé devant Notre Sainte Mère l'Église.

Ils chevauchèrent un moment en silence. Devant eux, les hommes d'armes passèrent près d'une troupe de hérons debout au bord d'un étang sans tirer un seul carreau d'arquebuse, sans même lâcher leurs faucons, pourtant habiles à chasser dans les airs.

– À dix-sept ans, reprit tout à coup le jeune seigneur, ne suis-je pas en âge de me marier ?

– Bien sûr, lui répondit aussitôt messire Ysambard, mais vous êtes aussi l'héritier de la seigneurie de Flers. Il vous appartient de maintenir votre fief, comme a su le faire votre père, et même de l'agrandir. Aussi ne pourrez-vous épouser qu'une jeune fille noble, comme Douce de Beaujeu, par exemple, votre voisine, dont les biens se joindraient alors aux vôtres.

– Et Dieu bénirait un tel mariage... ajouta le chapelain.

Raymond de Flers fit la grimace. Au vrai, il savait que Douce de Beaujeu n'avait pas très bon caractère. Et puis, elle allait sur ses trente ans. Elle ne pourrait pas lui donner de nombreux enfants.

– Mais je pourrais aussi, reprit l'intendant, vous présenter une jeune fille très riche. Il ne tiendrait qu'à vous de lui faire accorder un titre de noblesse, avec le consentement de Notre Sainte Mère l'Église...

Tout en disant ces derniers mots, il s'était tourné vers maître Théobald, auquel il lança un coup d'œil appuyé.

Depuis le retour de son jeune seigneur, messire Ysambard s'était mis en tête de lui faire épouser sa fille, la jolie Perrone, aux cheveux blonds comme les blés et aux yeux bleus comme l'azur. Et il s'était déjà acquis la complicité de maître Théobald, le chapelain qui bénirait volontiers cette union en échange d'une grosse prébende. Car messire Ysambard était riche, immensément riche. Il ne lui manquait qu'un titre de noblesse. Raymond de Flers l'aiderait à l'obtenir dès qu'il aurait rencontré sa fille.

Pour cela, il fallait d'abord l'empêcher de revoir Marion.

- 3 -

L'hiver était arrivé tout d'un coup, avec son escorte de vent, de pluie, de froidure, comme un seigneur de haut parage[2].

Raymond pensait toujours à Marion. Il ne l'avait pourtant pas revue depuis leur première rencontre. Messire Ysambard s'était ingénié à le tenir éloigné du pâturage où la jeune bergère emmenait chaque jour ses moutons. Et, à plusieurs reprises déjà, ce dernier lui avait suggéré de recevoir sa fille Perrone dans la grande salle du château.

– Nous pourrions organiser une fête, ajoutait-il, qui divertirait votre seigneurie. Et ma fille, qui a une fort belle voix, serait heureuse de chanter pour vous.

À chaque fois, le comte répondait :

– Par ma foi, je préférerais bien davantage revoir cette jeune bergère.

Aussi, messire Ysambard, vexé de voir sa fille sans cesse refusée, cherchait-il le moyen de se débarrasser de cette Marion, que Dieu la maudisse !

2. D'une grande famille.

Raymond de Flers se trouvait, ce matin-là, dans une salle de son donjon quand il entendit un grand remue-ménage dans le vestibule du château.

– Va voir ce qui se passe ! ordonna-t-il à son page.

Gautier n'eut pas le temps de s'exécuter. Déjà la lourde porte de bois s'ouvrait et un sergent, escorté de six hommes d'armes, entrait dans la salle, traînant derrière lui Marion qui se débattait.

Le jeune seigneur se leva aussitôt.

– Que fais-tu ? cria-t-il au sergent. Et qui t'a donné l'ordre de... ?

Il était trop surpris pour continuer. Il avait si souvent pensé à Marion sans pouvoir jamais la revoir ! Et voilà qu'un sergent l'amenait devant lui comme une criminelle.

– C'est moi, répondit l'intendant en entrant à son tour. Et vous voulez sans doute savoir le crime qu'elle a commis ?

Raymond de Flers secoua la tête.

– Quel crime peut-elle avoir commis ? Vous devez sûrement vous tromper, messire. Et toi, ajouta-t-il en s'adressant au sergent, relâche-la donc ! Ne vois-tu pas que tu lui fais mal ?

Marion, à peine libérée, se laissa tomber aux pieds de son seigneur. Elle entendit le comte demander :

– Eh bien ? Qu'a-t-elle fait ?

Ce fut le sergent qui répondit :

– Elle a, par sa grande négligence, laissé un loup tuer plusieurs bêtes du troupeau que messire

Ysambard lui a confié en votre nom. C'est donc comme si elle vous avait volé et…

– … nous vous demandons de la juger sur-le-champ, conclut l'intendant. Et de la punir sévèrement.

– Encore faudrait-il que je puisse l'entendre, dit alors le jeune seigneur.

Puis, se penchant vers le sol, il tendit sa main droite à la jeune bergère.

– Relève-toi, Marion, et raconte-moi ce qui s'est passé.

Elle prit sa main, la garda dans la sienne le temps de se relever et la lâcha à regret une fois debout. Raymond de Flers paraissait tout aussi séduit qu'elle !

– Jamais, commença-t-elle, jamais, je n'aurais laissé perdre une seule brebis de tout mon troupeau. Car je sais bien qu'elles vous appartiennent. Il a fallu que ce loup…

– Raconte-moi plutôt ce qui s'est passé, reprit Raymond de Flers. Après, je pourrai juger…

– Il était l'heure de rentrer le troupeau, hier soir, ajouta-t-elle, lorsque j'ai entendu des hommes crier de l'autre côté du ruisseau, à l'endroit où je vous ai vu, il y a quelque temps déjà. J'ai d'abord pensé que c'étaient des routiers[3] de passage comme il en vient quelquefois. Sans doute venaient-ils voler des

3. Soldats appartenant à des bandes irrégulières qui pillaient les régions qu'ils traversaient. Ce fut un phénomène typique du Moyen Âge puisqu'il dura du XIIe au XVe siècle.

poules ou des oies dans un jardin tout proche. J'ai envoyé Beaudon, mon chien, pour les mettre en fuite. Mais, en l'entendant aboyer, mes bêtes se sont affolées. Elles ont couru vers le ruisseau. Certaines l'ont franchi. Je ne les ai pas revues... Alors, j'ai fait rentrer celles qui restaient. Sinon, je risquais de les perdre toutes pendant la nuit. Et ce matin, ce sergent est arrivé, m'accusant d'avoir laissé le loup s'en prendre à mon troupeau...

Elle s'arrêta un instant. Ses yeux brillaient de colère.

– Comment savait-il que c'était un loup ? reprit-elle. Moi, j'ai bien entendu des voix d'hommes de l'autre côté du ruisseau.

– Eh bien ? demanda Raymond de Flers en se tournant vers le sergent.

– C'est que, se défendit aussitôt ce dernier, nous avons trouvé plusieurs brebis égorgées sur l'autre rive et...

– Il veut dire « mordues », naturellement, l'interrompit messire Ysambard en se rapprochant du sergent. Qu'es-tu donc allé dire là ? lui murmura-t-il à l'oreille. Ne vois-tu pas que tu es en train de nous trahir ?

– Mais c'est moi qui les ai saignées, comme vous me l'aviez ordonné, lui répondit le sergent tout aussi bas, bien proprement, d'un seul coup de dague...

– Qui croirait qu'un loup porte une dague sur lui ? poursuivait déjà l'intendant à l'intention du jeune seigneur.

– Peut-être as-tu amené ici ces malheureuses bêtes, dit alors Raymond de Flers, que cette conversation à voix basse avait intrigué. Je voudrais les voir.

– Cela ne sera pas possible, malheureusement, fit messire Ysambard. Le sergent, croyant bien faire, a ordonné qu'on les dépèce et qu'on en distribue la viande aux pauvres de la paroisse.

– Alors, il ne me reste plus qu'à renvoyer chez elle cette pauvre bergère. Il me semble que le sergent l'a accusée bien à tort. Car je ne suis pas sûr qu'il se soit agi d'un loup. Et d'ailleurs, qu'aurait-elle pu faire contre cette bête féroce ? Mais avant que tu partes, ajouta-t-il en se tournant vers Marion, je veux te donner cet anneau d'or en gage d'amitié…

Tout en parlant, il avait retiré de son doigt l'anneau orné d'un rubis que Marion avait remarqué la première fois qu'elle avait pris sa main.

– Merci, mon seigneur, dit-elle simplement avant de sortir de la salle.

Si elle avait été plus attentive, elle aurait entendu, en passant devant eux, messire Ysambard glisser à l'oreille de Gautier, le petit page :

– Ce sergent a tout fait rater par sa bêtise. Toi, tâche d'être un peu plus malin que lui. Va donc mettre le feu à la grange où elle garde son foin pour l'hiver. Et arrange-toi pour qu'on l'accuse, cette fille de malheur…

- 4 -

Après avoir ainsi donné ses ordres, messire Ysambard courut dans ses appartements. Il y trouva Perrone en train d'accorder son luth.

– Ma fille, lui dit-il, j'ai pris la décision de te présenter à notre seigneur, là, dès maintenant. Car il me semble de plus en plus épris de cette maudite bergère... Mais je suis sûr qu'il l'oubliera sitôt qu'il t'aura vue !

Perrone frappa des mains pour appeler ses servantes. Elles l'aidèrent à passer une superbe robe de soie rouge passementée de fils d'or et d'argent avant de coiffer ses cheveux blonds en longues nattes qu'elles entrelacèrent sur le sommet de sa tête. Puis elles la parfumèrent d'eau de violette et de romarin, fardèrent son visage et colorèrent ses lèvres d'un rouge aussi brillant que la soie de sa robe.

Quand elle sortit enfin de sa chambre, elle était resplendissante. Raymond de Flers ne pourrait que tomber amoureux d'elle sitôt qu'il la verrait. Et elle serait bientôt châtelaine !

– Comment cette pauvre fille pourrait-elle rivaliser avec toi ? s'exclama son père, tout heureux de la voir si belle. Mais si, par hasard, le comte pensait encore à elle, tu sais ce que tu as à faire ?

Perrone battit des cils sans rien dire. Elle ne voulait pas déranger la belle ordonnance de sa coiffure ni altérer le rouge vif de ses lèvres.

Ils descendirent dans la grande salle du château.

Raymond de Flers s'entretenait avec maître Théobald, son chapelain.

– Mon seigneur, commença l'intendant…

– Attendez un instant, messire !

Le jeune seigneur n'avait même pas levé les yeux en les entendant entrer. Alors, Perrone s'avança vers lui en fredonnant une chanson de toile qu'elle avait récemment apprise. Son père avait raison : elle avait une très belle voix.

– Messire Ysambard, demanda-t-il, toujours sans lever la tête. Est-ce là votre fille que j'entends chanter ?

– Oui, répondit l'intendant, elle est venue…

– Renvoyez-la ! Je n'ai pas la tête à des chansons, à cette heure. Car je veux bientôt honorer par une messe solennelle la mémoire de mes parents. Après, sans doute, je songerai à me marier…

– Vous avez donc fait votre choix ?

– Oui, je veux épouser Marion et…

Il n'eut pas le temps de finir. Un cri aigu venait de s'élever sous le haut plafond de la salle, suivi d'un choc sourd contre le plancher.

– Ma fille ! s'écria aussitôt l'intendant.

Perrone venait de s'écrouler. Elle gisait sur le dos, les yeux révulsés, la langue sortie de la bouche et le corps saisi de tremblements.

– Ma fille ! répéta messire Ysambard.

Pour toute réponse, elle poussa un gémissement rauque.

– Que lui arrive-t-il ? demanda le jeune seigneur. De quoi souffre-t-elle donc ?

– Je ne sais pas ! répondit l'intendant.

– Moi, je sais ! s'écria alors maître Théobald.

Il s'était déjà approché d'elle. Puis, après l'avoir longuement regardée, il s'était signé.

– Votre fille a été ensorcelée, messire Ysambard ! déclara-t-il enfin. Elle porte tous les stigmates du démon et…

– Mais qui aurait pu ? s'exclama Raymond de Flers.

– Je suis sûr que c'est cette maudite bergère ! s'écria alors l'intendant en se signant à son tour. N'était-elle pas là, tout à l'heure, dans cette salle ? Et l'un de mes hommes l'a vue déterrer hier soir à la pleine lune des racines de mandragore.

– Vous savez sans doute, enchaîna le chapelain, que cette plante démoniaque confère à ceux qui la déterrent des pouvoirs magiques. Il paraît que cette fille a proféré cette même nuit, devant un feu de fagots, force incantations magiques.

– Mais pourquoi aurait-elle… commença le comte, qui paraissait troublé par ces accusations.

– Vous-même devriez faire attention, reprit messire Ysambard. J'ai bien peur qu'elle ne vous ait ensorcelé, vous aussi. J'ai bien vu comment elle vous a regardé, tantôt !

– Non, par ma foi, je n'ai rien trouvé d'étrange dans sa conduite. Mais, dites-moi, on dirait bien que vous la faites espionner. Et pourquoi donc ?

L'intendant hésita un instant avant de répondre :

– J'ai pensé qu'il était de mon devoir de savoir qui elle était vraiment, au cas où vous songeriez à l'épouser. Et je vois bien que je ne m'étais pas trompé.

À ces mots, Perrone, toujours allongée, se mit à trembler davantage, tout en gémissant.

– J'espérais apprendre tout autre chose sur elle, reprit l'intendant. Pourtant, sa mère adoptive a toujours été loyale envers votre seigneurie.

Tout en l'écoutant parler, Raymond de Flers s'était à son tour rapproché de Perrone dont le corps tremblait convulsivement. On l'entendit murmurer :

– Pauvre baisselette[4] !

Il semblait de plus en plus troublé.

– Et vous dites qu'on a vu Marion au clair de lune ?

– Oui, mon seigneur. Le sergent pourra en témoigner…

– Et qu'elle proférait des incantations ?

– Hélas !

– Ma foi, je ne sais que penser. Croyez-vous vraiment, maître Théobald, qu'elle soit sorcière ?

– Oui, répondit le chapelain. Autant que je crois en Jésus-Christ et en sa mère, notre Douce Dame du ciel !

Raymond de Flers poussa un long soupir. Puis il se tourna vers son intendant :

– Ordonnez à vos hommes de l'aller quérir là

4. Jeune fille.

où elle se trouve et de la ramener céans. Qu'ils l'enferment dans une geôle bien pourvue de barreaux et de verrous. Et, si elle est coupable…

Pendant ce temps, messire Ysambard faisait signe à ses serviteurs d'emporter sa fille, toujours inanimée, dans ses appartements.

– … jamais de ma vie, je ne la reverrai, conclut le comte de Flers.

- 5 -

Marion fut enfermée dans la plus sombre et la plus humide des geôles du château. Elle pleurait silencieusement. Car elle devinait bien qu'elle n'était là que sur ordre du seigneur du village. Mais de quoi l'accusait-on ? Elle l'ignorait !

Chaque jour, le geôlier lui apportait une écuelle de soupe claire qu'il posait sur le sol devant elle. Elle secouait la tête.

– Je n'ai pas faim ! murmurait-elle.

Cela faisait plusieurs jours qu'elle jeûnait. À peine buvait-elle un peu d'eau de sa cruche. Peut-être réussirait-elle à apitoyer ses accusateurs en attendant de pouvoir se défendre…

– Sinon, je me laisserai mourir, murmurait-elle.

Un matin, en entrant dans sa cellule, maître Théobald l'entendit.

– Comment oses-tu souhaiter ta propre mort ? s'indigna-t-il. Ne sais-tu pas que c'est un horrible blasphème ?

Marion voulut se défendre :

– Ce n'est pas ce que je voulais dire ! s'exclama-t-elle.

– Et tu n'as pas ensorcelé Perrone ?

– Perrone ?

– Oui, la fille de notre intendant.

– Je ne la connais pas !

– Allons donc. Tu vas aussi prétendre que tu ne savais pas que notre seigneur avait l'intention de l'épouser !

– Pas du tout !

Ainsi, c'était donc pour ça qu'on l'avait enfermée. Mais elle ne se laisserait pas faire, elle se défendrait bec et ongles.

– Laissez-la dire, s'exclama messire Ysambard qui venait d'entrer à son tour. Je viens la chercher pour l'emmener devant le tribunal.

Aussitôt, deux hommes d'armes se saisirent de Marion.

– Ma fille attend avec impatience la sentence, reprit l'intendant lorsque la bergère fut sortie. Elle est sûre que notre seigneur condamnera cette maudite sorcière à être brûlée vive, grâce aux témoignages que nous avons rassemblés. D'ici là, elle ne se montre pas. Tout le monde au château la croit malade. Cela aussi influencera notre jeune seigneur. Après, je me fais fort de la lui faire épouser… Une fois qu'elle sera guérie, ajouta-t-il avec un petit rire satisfait.

– Allons, il est temps pour nous d'aller assister au procès, fit maître Théobald.

Et ils coururent pour ne pas être en retard, car leur propre témoignage serait capital !

- 6 -

Après avoir longuement hésité, Raymond de Flers, malgré les demandes pressantes de messire Ysambard et de maître Théobald, ne condamna pas la jeune bergère au bûcher. Il demanda pour elle le jugement de Dieu, par l'ordalie du feu.

– Et si Dieu est avec elle, ajouta-t-il pour conclure les débats, je l'épouserai.

Marion rentra dans sa cellule le cœur plein d'espoir. Elle attendait le jugement de Dieu avec impatience. Elle savait bien qu'elle était innocente. Et elle était sûre, désormais, de l'amour de Raymond de Flers. Sinon, ne l'aurait-il pas condamnée au bûcher ?

Le sergent vint la chercher dans sa cellule dès le lendemain matin. Car messire Ysambard avait peur que le jeune seigneur ne change d'avis et n'accorde finalement son pardon à Marion. Celle-ci marcha sans crainte jusqu'à la cour du château où l'on avait dressé une estrade pour le comte, l'archevêque de la ville voisine et les notables du voisinage. Tous les habitants du village se pressaient autour du feu que le bourreau avait allumé dans un grand brasero au milieu de la cour. Une fois les flammes tombées, il avait continué d'attiser les braises avec un soufflet de forgeron qui crachait au loin des étincelles brillantes.

Dès que Marion apparut, le silence se fit. Elle paraissait si calme ! Elle voulut faire un signe à son jeune seigneur, mais ce dernier avait baissé les yeux. Priait-il Dieu d'assister la jeune bergère ?

Sur un geste de messire Ysambard, pressé d'en finir, le bourreau retira son soufflet, enfila de gros gants en peau de mouton, puis, après avoir remué les braises une dernière fois, il y plongea une courte barre de fer.

– Mon seigneur, dit-il en se tournant vers Raymond de Flers, je suis prêt.

– Et moi aussi, je suis prête, fit Marion.

Le jeune seigneur la regarda enfin. Et elle fut surprise de voir qu'il avait les yeux rouges, comme si c'était lui qui s'était activé devant ce tas de braises. Était-ce la fumée qui avait irrité ses yeux ?

– Oui, reprit-elle, je suis prête. Et pour l'amour de vous, Dieu m'aidera…

Puis, sans hésiter le moins du monde, elle saisit à deux mains la barre chauffée à blanc que lui tendait le bourreau.

Dans la foule, tous retenaient leur souffle. Marion allait-elle relâcher la barre en poussant un cri de douleur ? Chacun croyait déjà entendre grésiller la chair de ses paumes. Pourtant, elle ne paraissait pas souffrir. Le comte de Flers avait fermé les yeux. Avait-il peur que Marion ne réussisse pas l'épreuve ?

La jeune bergère souriait toujours. Et le sablier égrenait les minutes. Lorsqu'il fut vide, le bourreau, étonné, reprit la barre qui rougeoyait encore. Marion tendit ses deux mains à la foule. Leur paume était intacte.

– Miracle ! s'écria une femme en se signant.

– C'est vrai, répondit Marion, je suis innocente. Et Dieu le sait !

Elle s'approchait du jeune seigneur, quand messire Ysambard voulut s'interposer :

– Cette maudite sorcière a triché. Et je suis sûr que le bourreau est son complice.

Celui-ci, furieux d'être ainsi soupçonné, lui tendit la barre brûlante.

– Prenez-la donc, messire, lui fit-il. Et vous verrez si j'ai triché, comme vous dites.

Messire Ysambard voulut relever le défi. Mal lui en prit, car la barre était encore bien chaude et le blessa cruellement. Il poussa un cri terrible. Maître Théobald se précipita vers lui, mais il le repoussa violemment.

– Ne me touche pas, suppôt de Satan. Toi qui m'as poussé à faire toutes ces vilenies !

Puis, il se jeta aux pieds du jeune seigneur.

– J'implore votre pardon, mon seigneur, commença-t-il. En mon nom et en celui de maître Théobald. Car c'est nous qui avons tout manigancé : les moutons égorgés, la maladie de Perrone, l'accusation de sorcellerie… Nous avions même donné l'ordre de faire mettre le feu à sa grange. Et voilà que Dieu lui-même nous a démasqués.

À côté de lui, le chapelain paraissait glacé de terreur, comme s'il s'attendait à ce que tous les diables de l'enfer viennent l'emporter.

Raymond de Flers fit signe à ses hommes d'armes d'emmener les deux coupables dans la prison du château. Demain, ce serait à leur tour d'être jugés.

L'intendant lui cria, alors qu'on le conduisait vers la prison du château :

– Je sais bien que vous n'épouserez pas ma fille. Mais ne croyez pas que vous pourrez épouser votre bergère, mon seigneur, puisqu'elle n'est pas noble.

C'est alors que l'archevêque, qui n'avait rien dit jusque-là, se leva.

– Mon seigneur, commença-t-il. Cette fille n'est-elle pas arrivée dans votre seigneurie il y a une quinzaine d'années ?

– Il me semble, oui, répondit le comte.

– Et n'a-t-elle pas été confiée à Anne, la femme de Rogier, votre serf ?

– Oui, répondit encore Raymond de Flers.

– Eh bien, je peux vous le dire aujourd'hui, cette jeune fille est noble ! Son père, en mourant, m'avait demandé de la cacher de ses ennemis qui étaient nombreux et bien décidés à tuer toute sa famille.

– Son nom ? cria le jeune seigneur.

– C'était le duc d'Outremont, compagnon de croisade du roi de France. Chacun pensait, à la cour, qu'il deviendrait sénéchal. Mais des barons jaloux l'ont calomnié et ont fini par le faire assassiner par leurs sbires. Heureusement, il avait pu faire mettre sa fille à l'abri. Elle est là, devant vous.

Le comte se leva. Désormais, il n'y avait plus aucun obstacle : il pouvait épouser la fille du duc d'Outremont. Il relèverait son lignage. Elle, en entendant l'archevêque, avait paru surprise. Puis, elle avait souri.

Il descendit de l'estrade, marcha lentement vers elle.

– Appuyez-vous sur moi, mon gracieux seigneur, lui dit-elle d'une voix qui tremblait un peu. Et allons remercier Dieu.

Lorsqu'ils arrivèrent devant la porte de la chapelle, suivis par la foule, le jeune seigneur s'arrêta. Le cœur de Marion battait à tout rompre, car Raymond de Flers l'avait prise par la taille et la serrait contre lui.

– Veux-tu m'épouser, Marion ? lui demanda-t-il.

Et sa voix tremblait.

Pour toute réponse, elle posa doucement un baiser sur ses lèvres, au milieu des vivats de tous les habitants du village, pendant que l'archevêque les bénissait.

Biographies

Biographies

Le mystère du donjon

de Marie Bertherat
illustré par Emmanuel Cerisier

Marie Bertherat

Journaliste pour différents magazines, elle se consacre maintenant à l'écriture de livres publiés aux éditions du Seuil, Bayard, Atlas... Elle est aussi l'auteur de la série policière *Les enquêtes du Samovar*, aux éditions Mango Jeunesse.

Emmanuel Cerisier

Il illustre des romans pour enfants ainsi que des albums documentaires sur de multiples sujets, des Esquimaux aux avions, en passant par les engins de chantier et les Gaulois... Lorsqu'il a un peu de temps, il s'exerce à d'autres techniques en réalisant des carnets de voyage.

Biographies

« Ô cruel est l'amour »

de Barbara Castello et Pascal Deloche
illustré par Bruno Bazile

Barbara Castello et Pascal Deloche

Globe-trotters des mots et des images, ils parcourent le monde depuis plus de quinze ans et publient leurs reportages en France et en Europe. Journaliste pour la première, reporter pour le second, ils écrivent à quatre mains la plupart de leurs textes. Pascal Deloche a créé et écrit la série *Médecins de l'impossible* chez Hachette Jeunesse (Bibliothèque verte).

Bruno Bazile

Après le bac, ce Breton poursuit ses études à Rennes, où il rencontre Michel Plessix. Professeur de dessins, il publie de nombreuses BD dans la presse pour enfants. Il s'associe à Michel Plessix pour faire paraître deux albums de la série *Forell et fils* chez Dargaud, puis travaille avec Pierre Veys sur la série *Les Avatars*. Il a publié seul *Les Faussaires*, en 2001, chez Hors-collection.

Biographies

Destination l'an mil

de Johan Heliot
illustré par Jean Trolley

Johan Heliot

Il est né en Franche-Comté en 1970 et vit actuellement dans les Vosges, entouré de nombreux animaux. Après avoir enseigné le français et l'histoire-géographie, il se consacre aujourd'hui entièrement à l'écriture, avec une prédilection pour la science-fiction et le fantastique : tout ce qui décolle de la réalité, pas assez fantaisiste à son goût…

Jean Trolley

Après avoir étudié le piano classique et le jazz, il devient saxophoniste professionnel tout en exerçant divers métiers. À partir de 1980, il se lance dans l'illustration et publie aux éditions Magnard, Atlas, Nathan et Zulma. Il travaille sur de nombreux sujets historiques et collabore régulièrement à la revue *Histoire médiévale* (éditions Harnois). Passionné de cinéma, il a également de nombreux projets de bande déssinée.

Biographies

Ceux de Roche Diable

d'Emmanuel Viau
illustré par Dominique Rousseau

Emmanuel Viau

Il se passionne pour la science-fiction, les jeux et la musique. Quand il ne lit pas, il est journaliste à *Je Bouquine* et écrit des histoires pour la jeunesse. Son rêve serait de jouer en concert sur la Lune, sur Mars ou même en dehors du système solaire…

Dominique Rousseau

Il a étudié le cinéma, joué dans des groupes de jazz et interprété différents rôles au théâtre. Il fait ses débuts dans la bande dessinée en 1978, dans *BD Hebdo* puis *Charlie Mensuel*. Dessinateur de *Condor* chez Dargaud, il collabore régulièrement à la revue *Je Bouquine*. Il anime des ateliers et des stages pour enfants et adultes autour de la BD.

Biographies

Un impossible amour

de Giorda
illustré par Patrick Deubelbeiss

Giorda

Originaire de Marseille, il n'a jamais pu se résoudre à quitter son Midi natal. C'est dans une vieille ferme du Lubéron entourée d'arbres qu'il s'adonne à l'écriture. Il a publié quelque quatre-vingts titres pour tout public et plus de vingt romans pour la jeunesse (Bayard, Milan, Hachette, Hatier, Pocket), parmi lesquels *Les naufragés du Bounty* a reçu le prix de littérature jeunesse de la SGDL et *Un tambour pour la République* le prix Saint-Exupéry.

Patrick Deubelbeiss

Illustrateur et auteur de BD (deux albums chez Casterman aux côtés de Benoît Peeters), il travaille pour des journaux pour enfants et principalement pour les dossiers d'histoire d'*Image Doc*. « Le plaisir de dessiner et le goût de raconter des histoires m'ont naturellement conduit vers ce métier, qui me permet de plonger dans divers univers où je peux rêver sans discontinuer », explique-t-il. Il aime entraîner les lecteurs dans les mondes qu'il crée.

Z'AZIMUT
la lecture passion
5 histoires de...

1. Archéologie
2. Sports de mer
3. Équitation
4. Danse (t. 1)
5. Chevaliers
6. Pirates
7. Vétérinaires
8. Détectives
9. Football (t. 1)
10. Cape et épée
11. Préhistoire
12. Sauvetage
13. Cinéma
14. Voile
15. Reporters
16. Égypte
17. Musique
18. Urgences
19. Loups
20. Félins (concours d'écriture 2001)
21. Dauphins
22. Rome antique
23. Danse (t. 2)
24. Espions
25. Chiens (concours d'écriture 2002)
26. Espace
27. Montagne
28. Explorateurs
29. Chevaux
30. Football (t. 2)
31. Arts martiaux
32. Moyen Âge
33. Magie
34. Automobiles
35. Monde antique
36. Volcans
37. Samouraïs
38. Dinosaures
39. Rugby
40. Légendes du Moyen Âge

Achevé d'imprimer en mars 2012 par Edelvives (Espagne)
Numéro d'édition : M12075-02